Reinhard Schmutzer

DEPORTATION und ZWANGSARBEIT

der deutschen Einwohner des Kreises Mies/ČSR nach Kriegsende

- eine Regionalstudie

HERAUSGEGEBEN
HEIMATKREIS MIES-PILSEN E.V. DINKELBÜHL
ARBEITSGEMEINSCHAFT SUDETENDEUTSCHER
LEHRER UND ERZIEHER E.V, FRONTENHAUSEN
IN ZUSAMMENARBEIT MIT DER ZEITUNG SUDETENPOST IN LINZ

Copyright © 2013 by
Heimatkreis Mies-Pilsen e.V., Postfach 127, 91542 DINKELSBÜHL
Tel. 09851/53003, Fax 09851/53004

Bearbeitung
Dr. Hans Mirtes, Eggergasse 12, 84160 Frontenhausen

Umschlaggestaltung, Redaktion und verantwortlich für die Herausgabe
StD i. R. Dr. Hans Mirtes, Eggergasse 12, 84160 Frontenhausen,
Tel. 08732/2680 – Fax 08732/2340 oder e-mail: hans.mirtes@t-online.de

Gesamtherstellung
ORTMAIER DRUCK GMBH; Birnbachstraße 2, 84160 Frontenhausen
Tel. 08732/9210-751, e-mail: rainer.ortmaier@ortmaier-druck.de

Bestelladresse
Heimatkreis Mies-Pilsen e.V., Postfach 127, 91542 DINKELSBÜHL
Tel. 09851/53003, Fax 09851/53004
Hkrs.mies-pilsen@t-online.de

ISBN 978-3-9815033-5-7

Vorwort

Die vorliegende Untersuchung „Deportation und Zwangsarbeit der deutschen Einwohner des Kreises Mies/ČSR nach Kriegsende" ist eine thematische Zusammenstellung von Auszügen aus einer geplanten Dissertation zu dem Thema „Die Vertreibung der Sudetendeutschen – dargestellt am Beispiel des Kreises Mies. Eine Fallstudie zur Methodik der ‚Bevölkerungsumsiedlung' als traditionelles Lösungsmittel in der europäischen Politik". Aus diesem Grunde ist auch die Nummerierung der Anmerkungen nicht immer fortlaufend. Ergänzend wurden dieser Untersuchung im Anhang mehrere Zeitzeugenberichte, thematische Karten zur Deportation sowie einige Dokumente beigefügt. Die Dissertation selbst wurde fertiggestellt, blieb aber bislang ungedruckt, da das Promotionsverfahren aus Gründen, die vom Verfasser nicht völlig nachvollzogen werden konnten, nicht zu Ende gebracht wurde. Deshalb nutzt der Verfasser diese Veröffentlichung, um sich bei allen Landsleuten aus dem Kreis Mies zu bedanken, die durch Interviews, Bearbeitung von Fragebögen, Zusendung von Familienaufzeichnungen oder das Verfassen der eigenen Erlebnisse zu dieser Arbeit beigetragen haben. Genau genommen haben es mir erst alle diese Zusendungen ermöglicht, diese Untersuchung überhaupt beginnen zu können. Obwohl es sich hier um eine Regionalstudie handelt, dürften die Ergebnisse auf andere sudetendeutsche Regionen, wo Deportationen stattgefunden haben, übertragbar sein. Ferner bin ich dem Heimatkreis Mies-Pilsen zu Dank verpflichtet, dass er die Veröffentlichung dieser Zusammenstellung ermöglicht hat.

Reinhard Schmutzer M.A.

DEPORTATION UND ZWANGSARBEIT DER DEUTSCHEN EINWOHNER DES KREISES MIES/ČSR NACH KRIEGSENDE

VORWORT	2
INHALTSVERZEICHNIS	3
1. Einleitung: Arbeitszwang auf der Grundlage staatlicher Verordnungen	5
a) Lagerwelten in Westböhmen	5
b) Das Kaschauer Programm als Grundlage der Stellung der Sudetendeutschen nach Kriegsende	7
c) Die formaljuristischen Grundlagen der Arbeitspflicht für Deutsche	8
d) War nicht jede „Arbeit für die Tschechen" Zwangsarbeit?	9
2. Arbeitseinsätze als Mittel der Terrorisierung	12
3. Arbeitseinsätze im Nahbereich des Wohnortes auf der Grundlage der allgemeinen Arbeitspflicht	15
a) Allgemeine Arbeitspflicht für die Deutschen	15
b) Arbeitseinsätze am Wohnort	15
(Einsätze in der Landwirtschaft / Einsätze im öffentlichen Bereich)	
c) Arbeitseinsätze im Nahbereich des Wohnortes	18
d) Entlohnung	19
4. Deportation der deutschen Bevölkerung des Kreises Mies	20
a) Umfang der Deportationen	20
b) Aushebungen	22
c) Durchführung der Transporte	26
d) Verteilung der Deportierten	28

5. Zwangsarbeit 30

   a) Zwei Phasen der Zwangsarbeit 30

   b) Existenzbedingungen außerhalb der Sammellager 33

   (Arbeitsbedingungen / Unterbringung und Verpflegung / der Umgang mit den Verschleppten)

   c) Existenzbedingungen innerhalb der Sammellager 44

   (Vorbemerkung / Lager unterschiedlichen Charakters / Sammellager im Sinne der offiziellen Bezeichnung: Stecken und Prosecnice/Lesany / Entlohnung der Lagerinsassen)

6. Wertung 53

   a) Einordnung von Deportation und Zwangsarbeit in den Gesamtvorgang der Vertreibung der Sudetendeutschen 53

   (Die Bedeutung von Deportation und Zwangsarbeit im Hinblick auf den „Abschub" der deutschen Bevölkerung / Unterbindung eines Widerstandes durch Auflösung der sozialen Strukturen)

   b) Der Staat als Verantwortungsträger 54

   (Der Staat als Träger direkter Gewalt / Deportation und Zwangsarbeit als direkte Gewalt unter staatlicher Aufsicht)

   c) Exkurs: Das Lagersystem 57

   (Das "Lager" als Existenzform / Ernährung / Unterbringung / Medizinische Versorgung / Anschläge gegen Leib und Leben)

7. Anmerkungen 60

8. Anhang 69

   a) Zeitzeugenberichte 69

   b) Dokumente 80

   c) Karten 92

9. Literatur- und Quellenverzeichnis 95

1. EINLEITUNG: ARBEITSZWANG AUF DER GRUNDLAGE STAATLICHER VERORDNUNGEN

a) Lagerwelten in Westböhmen

Der Begriff Zwangsarbeit scheint eindeutig zu sein: Er meint den Zwang zur Arbeit bzw. die Arbeit, die von jemandem gezwungenermaßen verrichtet wird. So ist beispielsweise jeder Erwachsene gezwungen, sich seinen Lebensunterhalt durch eigene Arbeit zu verdienen. Ebenso verrichtet ein Kind manche Aufgaben nur, weil es die Eltern anordnen, aber nicht aus eigenem Antrieb. Ein klassisches Beispiel sind die Hausaufgaben, die von vielen Schülern weder aus Freude noch aus eigener Einsicht erledigt werden, sondern nur gezwungenermaßen, um unangenehme Sanktionen der Erwachsenen zu vermeiden. In all diesen Fällen, die jedermann schon erlebt haben dürfte, kann jeder Betroffene diese Arbeit vom Wortsinn zur Zwangsarbeit erklären. Allein vom sprachlichen Wortsinn auszugehen führt offensichtlich in die Irre, denn es kann nicht sein, daß ein und dieselbe Erwerbstätigkeit je nach der subjektiven Befindlichkeit von der einen Person als Lebenserfüllung und von einer anderen Person dagegen als Zwangsarbeit betrachtet wird. Vielmehr ist nach der Wortbedeutung zu fragen, die sich aus dem Zusammenhang erschließt, in dem der Begriff Zwangsarbeit gebraucht wird. In der aktuellen Debatte über die Zwangsarbeiter im nationalsozialistischen Herrschaftssystem und deren Entschädigung mag es Differenzen geben über die Abgrenzung des Personenkreises und der davon herzuleitenden Anspruchsberechtigung auf eine Entschädigung. Doch der Unrechtscharakter von Zwangsarbeit selbst ist unstrittig. Zwangsarbeit als solche trägt dabei grundsätzlich folgende zwei Merkmale:

1. Es besteht keine Vertragsfreiheit über Art, Umfang, Dauer und Ort der Tätigkeit.
2. Es handelt sich um Ausbeutung, wenn die Entlohnung nicht den orts- und branchenüblichen Tarifen entspricht.

Für Arbeitsverhältnisse dieser Art bietet Westböhmen zahlreiche Beispiele: Während der NS-Zeit existierten allein in diesem geografisch überschaubaren Bereich vier KZ-Außenkommandos. Sie unterstanden dem KZ Flossenbürg (1) auf bayerischer Seite, welches die Rüstungsindustrie mit Zwangsarbeitskräften versorgte, so die "Luftfahrtgerätewerke Hakenfelde" in Zwodau bei Falkenau mit 1617 Frauen im Jahre 1945 und die "Metallwerke" in Holleischen im Kreis Mies mit 1094 Frauen. Daneben waren in der "SSeigenen Porzellanmanufaktur Bohemia" in Neurohlau bei Karlsbad 1047 Frauen und 61 Männer und in der "SS-Kleiderkasse" in Schlackenwerth 119 Männer zur Zwangsarbeit eingesetzt (2).

Nach Kriegsende wurden in der wiedererrichteten ČSR viele der aus der NS-Zeit stammenden Barackenquartiere für Militär, Kriegsgefangene oder Häftlinge weiterbenutzt zur Unterbringung deutscher Häftlinge und Internierter, ebenso bestehende Haftanstalten und zusätzlich errichtete Massenlager. Hier sind u. a. die Orte Mies, Miröschau/Mirošov und Neurohlau zu nennen, wo bestehende Barackenkomplexe des 3. Reiches weiterverwandt wurden. Die alten Pilsener Haftanstalten, darunter das westböhmische Zentralgefängnis Bory, sowie die neu errichteten Lager in Třemošna bei Pilsen und an den St. Joachimsthaler Uranschächten dienten ebenfalls der Aufnahme von deutschen Häftlingen und Zwangsarbeitern.

Nach 1946, als die Vertreibung der Sudetendeutschen weitgehend abgeschlossen war und sich nur noch die vergleichsweise geringe Zahl der von den Volksgerichten verurteilten Sudetendeutschen in Straflagern befand, hätten eigentlich alle Lagerkomplexe bis auf wenige Ausnahmen aufgelöst werden können. Doch nach dem kommunistischen Umsturz 1948 entstand erneuter Bedarf von Lagerstätten zur Unterbringung von Tausenden von Systemgegnern. Das Lager Třemošna, die Haftanstalt Bory in Pilsen sowie die Barackenlager bei St. Joachimsthal und andere existierten z. T. bis in die 50er Jahre hinein weiter, nun jedoch mehrheitlich mit tschechischen Insassen gefüllt.

Trotz der Unvergleichlichkeit der politischen Systeme, welche diese Einrichtungen betrieben, war den dort hineingepferchten Menschen ungeachtet ihrer Nationalität eines gemeinsam: Ihnen war die Vertragsfreiheit genommen und sie wurden ausgebeutet. Dies wird besonders deutlich sichtbar an den Beispielen Neurohlau und St. Joachimsthal; beide Orte blieben, obwohl die politischen Herrschaftssysteme und dadurch bedingt auch die Nationalität der betroffenen Menschen wechselte, Stätten der Zwangsarbeit. Ein zweites wird erkennbar: Zwangsarbeit in großem Stil erfaßt nicht nur das Arbeitsverhältnis an sich, sondern reglementiert die gesamten Lebensumstände, die im "Lager" eine eigene Organisationsstruktur erhalten.

Die folgende Darstellung beschränkt sich auf die Untersuchung der Zwangsarbeit der deutschen Bevölkerung des westböhmischen Kreises Mies in der Zeit zwischen Kriegsende und dem Übergang in die kommunistische Diktatur. Der ab 1938 reichsangeschlossene Kreis Mies im Bezirk Eger entsprach mit geringfügigen Veränderungen dem Gerichtsbezirk Mies in der Vormünchener Republik. Der Kreis gehörte mit 891 qkm zu den größten sudetendeutschen Landkreisen, nur der Nachbarkreis Tachau und der Kreis Znaim waren mit über 900 qkm noch größer. Hinsichtlich der Bevölkerungsdichte von 76,9 Einwohnern/qkm (1939) zählte er mit den Nachbarkreisen Tachau und Tepl zu den unterdurchschnittlich besiedelten deutschen Gebieten. 1930 hatten dort 53 900 Deutsche und 24 223 Tschechen gewohnt. Nach dem Anschluß waren hauptsächlich die nicht bodenständigen Tschechen abgewandert, so daß 1939 neben 58 907 Deutschen nur noch 4019 Bürger tschechischer Volkszugehörigkeit lebten. Die Wohnbevölkerung verteilte sich zu dieser Zeit auf 137 eigenständige Gemeinden, wobei die meisten Orte nur einige Hundert Einwohner zählten. Nur 16 Orte hatten mehr als 1000 Einwohner, doch selbst die beiden Hauptorte Mies und Wiesengrund blieben mit 5 656 bzw. 5 443 Einwohnern auf Kleinstadtniveau. Die Tatsache, daß in nahezu der Hälfte der Gemeinden kaum 200 Menschen lebten, weist auf die Dominanz der agrarischen Struktur hin.

b) Das Kaschauer Programm als Grundlage der Stellung der Sudetendeutschen nach Kriegsende

Nachdem die Rote Armee die Grenzen zur Tschechoslowakei überschritten und die ersten Gebiete besetzt hatte, trat im Frühjahr 1945 im slowakischen Kaschau eine provisorische Regierung der Nationalen Front zusammen. Diese bestand aus Vertretern des Londoner und des Moskauer (kommunistischen) Exils und sollte bis 1946 das Geschehen in der befreiten ČSR bestimmen. Am 5. April 1945 beschloß sie die Richtlinien ihrer Politik, die unter der Bezeichnung "Kaschauer Programm" bekannt geworden sind. Die Richtlinien deckten in 16 Artikeln den ganzen Bereich der Regierungspolitik ab, doch waren sie in einem weiteren Sinne darüber hinaus programmatisch. Die erneuerte Republik wurde ausschließlich als Staat der tschechischen und slowakischen Nation definiert, wobei allerdings "eine Diskriminierung der Bürger der Republik aus rassischen Gründen" nicht zulässig sein sollte (142). Trotzdem waren vier Artikel hauptsächlich diskriminierenden Maßnahmen gegen die sudetendeutsche und die madjarische Volksgruppe gewidmet. Die

Vorstellungen hinsichtlich des Entzuges der Staatsangehörigkeit, der politischen Bestrafung und des Vermögensentzuges betrafen die sudetendeutsche Volksgruppe in ihrer Gesamtheit.

Seine verbindliche Gestaltung fand das Programm im wesentlichen durch zehn Dekrete des Präsidenten Beneš im Jahre 1945; davon waren zwei Verfassungsdekrete. Sie werden sämtlich mit den Worten "Auf Vorschlag der Regierung bestimme ich" eingeleitet, so daß zumindest formal die Verantwortlichkeit der Regierung auf der Grundlage des Kaschauer Programmes zum Ausdruck kommt (151). Die Dekrete wurden ergänzt beziehungsweise konkretisiert durch Erlasse oder Ausführungsbestimmungen der zuständigen Ministerien. Erst ab 1946 traten an die Stelle der Präsidialdekrete Gesetze der Vorläufigen Nationalversammlung (152). Sämtliche Akte beziehen sich - wie entweder aus der Betitelung (153) oder dem Text zu entnehmen ist - auf die Deutschen und Madjaren, sowie auf Verräter und Kollaboranten. Letzterer Begriff findet dabei unterschiedliche Formulierungen. Doch unabhängig von der jeweiligen Bezeichnung werden alle Bezugsgruppen unterschiedslos mit der Wertung "staatlich unzuverlässig" versehen. Eine Definition dieser Bewertung enthält das Dekret vom 19. Mai 1945, wobei die deutsche oder madjarische Nationalität bereits als ausreichendes Merkmal angeführt wird (154).

c) Die formaljuristischen Grundlagen der Arbeitspflicht für Deutsche

Im Zusammenhang mit dem Entzug der Staatsbürgerschaft ist die Arbeitspflicht zu erwähnen, die per Dekret vom 19. September 1945 jenen Personen auferlegt wurde, "welche die tschechoslowakische Staatsbürgerschaft verloren haben" (169). Nach Paragraph 1 sollte sich die Arbeit ausschließlich auf die Behebung von kriegsbedingten Schäden und Auswirkungen beschränken. Die Arbeitspflicht erfaßte Männer vom 14. bis zum 60. Lebensjahr und Frauen vom 15. bis zum 50. Lebensjahr. Ausgenommen waren körperlich und geistig untaugliche Personen sowie Schwangere und Frauen mit Kindern unter sechs Jahren (170). Die Arbeit konnte jede Art von Tätigkeit umfassen und war ortsüblich zu entgelten (171). Detaillierte Durchführungs-Richtlinien wurden vom Innenministerium erst am 2. Dezember 1945 erlassen, worin die Pflichten "der zur Arbeit zugeteilten Personen" (172) aufgeführt waren. Demnach hatten die Betroffenen um 5 Uhr aufzustehen (um 6 Uhr während der Winterzeit) und um 22 Uhr schlafen zu gehen (um 21 Uhr während der Winterzeit). Die tägliche Arbeitszeit war auf acht Stunden festgesetzt, konnte allerdings auf zehn Stunden ausgedehnt werden. Sonn- und Feiertagsarbeit war grundsätzlich erlaubt. Eigens entwickelte Strafen sollten der Ahndung von Verstößen gegen die Disziplin und Arbeitsmoral dienen (173). In einem umfangreichen Katalog waren die Verpflichtungen der "Arbeitgeber" (174) beschrieben: Da die Arbeit an jedem beliebigen Ort zu leisten war, konnte dem "Arbeitgeber" die gesamte Familie, für die der Arbeitspflichtige zu sorgen hatte, zugeteilt werden. Die persönliche Ausstattung mußte wenigstens dem Aussiedlungsgepäck entsprechen. "Für eine angemessene Unterbringung, Verpflegung und Bewachung" und den "Gesundheitszustand" der Arbeitskräfte und ihrer Familien war zu sorgen. Sie waren "in würdiger und menschlicher Weise zu behandeln". Die Arbeitsleistung sollte in branchen- oder ortsüblicher Weise einschließlich von Zuschlägen für Überstunden u.s.w. bezahlt werden. Von der Gesamtvergütung waren Steuern und Sozialabgaben auch für die Familienangehörigen zu leisten. Daneben wurden grundsätzlich 20% des Lohnes zu Gunsten des Bezirksnationalausschusses abgezogen. Der "Arbeitgeber" konnte "Sachbezüge (Wohnung, Verpflegung, Beleuchtung, Beheizung u.ä.) auf die Vergütung anrechnen. Den "Arbeitgebern" wurden bei Nichtbeachtung strenge Strafen angedroht (175). Im Juni 1948 wurden diese Bestimmungen aufgehoben, "wodurch dieses Dekret hinfällig wurde. In der Praxis wurde es jedoch (...) doch angewandt. Wichtiger war aber, daß gleichzeitig die Verordnung über die besondere zwanzigprozentige Lohnsteuer aufgehoben wurde." (176) Das Gesetz vom 11. April 1946 löste "die Arbeits- (Lehr-) Verhältnisse der Personen, welche die tschechoslowakische Staatsbürgerschaft (...) verloren haben," auf (177). Damit waren auch jene Arbeiter, die aus betriebswichtigen Gründen an ihren Arbeitsplätzen verblieben waren, auf den Status "der zur Arbeit zugeteilten Personen" zurückgestuft.

d) War nicht jede „Arbeit für die Tschechen" Zwangsarbeit?

Für die betroffenen Sudetendeutschen war während der Vertreibungszeit möglicherweise jede „Arbeit für die Tschechen" gegen ihren Willen auferlegt und könnte somit aus ihrer Sicht als Zwangsarbeit verstanden werden. So kam es in allen Orten des Kreisgebietes zu Verhaftungen auf der Grundlage der Retributionsgesetzgebung, die auf Kreisebene eine Zahl von mehreren Hundert Männern und Frauen erreichte. Diese politischen Häftlinge verbrachten in den Internierungslagern Mies, Třemošna oder Mirošov bzw. den Pilsener Haftanstalten meistens Wochen oder gar Monate, bevor sie von einem Volksgericht abgeurteilt oder ebenso unvermittelt entlassen wurden, wie sie verhaftet worden waren. Während dieser Haftzeit wurde dieser Personenkreis zur Arbeit in der Landwirtschaft, in den Pilsener Betrieben und zu anderen Arbeitseinsätzen abkommandiert. Nur ein geringer Teil dieses Personenkreises wurde schließlich zu einer Haftstrafe verurteilt, so daß die Mehrzahl der Verhafteten ihre Arbeitsleistung aus gutem Grund als Zwangsarbeit begreifen könnte. Auch unter Berücksichtigung der Tatsache, daß dieser Personenkreis auf einer rechtlich fragwürdigen Grundlage in Haft gehalten wurde, soll dessen Arbeitsleistung aus zwei Gründen hier nicht berücksichtigt werden: Erstens sind Häftlinge üblicherweise einem Arbeitsreglement unterworfen und zweitens waren die Lebensumstände primär durch die Haftbedingungen und nicht durch die Art des Arbeitsverhältnisses geprägt. Die Fragwürdigkeit der Haft und die Unmenschlichkeit der Haftbedingungen sind dem Autor durchaus bewußt, sind aber nicht Gegenstand der Untersuchung.

Eine weitere zahlenmäßig bedeutende Gruppe bestand in den Eigentümern landwirtschaftlicher Anwesen, die nach der Übernahme ihres Bauernhofes durch einen tschechischen „Nationalverwalter" ihre gewohnte bisherige Arbeit nun für diesen verrichtete. Fortan waren diesen bäuerlichen Familien die Früchte ihrer Arbeit entzogen, eine Vergütung erhielten sie allenfalls in Form von Kost und Logis am eigenen Hof. Auch diese Personengruppe könnte nicht ohne Grund von Zwangsarbeit sprechen. Eine weitere nennenswerte Personengruppe umfaßt jene, die während der chaotischen Zeit des Machtwechsels im Frühjahr 1945 durch die Präsenz tschechischer Waffenträger zu irgendwelchen Arbeiten am Wohnort oder in der näheren Umgebung veranlaßt wurde. Auch diese Arbeitsleistungen mögen im sprachlichen Wortsinn als Zwangsarbeit verstanden werden, allerdings führten sie durch die Beibehaltung des gewohnten Lebensumfeldes nicht zu einer wesentlichen Änderung der Lebensumstände. Dies gilt ebenso für die bäuerliche Bevölkerung wie für Personen mit kürzerfristigen Arbeitsverpflichtungen. Für diese drei Personengruppen, die am Wohnort oder zumindest im Nahraum verblieben, veränderten sich die Lebensumstände weniger durch die Arbeitsqualität als vielmehr durch die veränderten Macht- und Besitzverhältnisse, was jedoch die gesamte Bevölkerung betraf. Zwar wird in der Darstellung auf solche Arbeitsverhältnisse eingegangen, doch wird darunter keine Zwangsarbeit im eigentlichen Sinn verstanden.

Zu den erschwerten Alltagsbedingungen, welche für alle Sudetendeutschen nach dem Kriegsende die „Normalität" darstellten, kamen jedoch völlig veränderte Lebensumstände für jenen Personenkreis hinzu, der auf der Grundlage des Dekretes über die Arbeitspflicht zur Arbeitsleistung im tschechischen Sprachgebiet und fern seines gewohnten Umfeldes eingesetzt war. Selbst wenn von einer staatlich legitimierten Regelung ausgegangen wird, so sorgte diese Veranlassung unter den realen Verhältnissen der Nachkriegszeit doch zu einer erheblichen Beeinträchtigung der Lebensqualität oder zerstörte diese völlig. Die am Ort verbliebene Bevölkerung war dem so nicht ausgesetzt. Im Gegensatz zu den Häftlingen ergab sich die Verminderung der Lebensqualität nicht aus den Haftumständen, sondern unmittelbar aus der Qualität des Arbeitsverhältnisses. Der Rahmen dieses Verhältnisses war staatlicherseits durch das Dekret über die Arbeitspflicht vorgegeben, die Ausfüllung des Rahmens hing vom jeweiligen Dienstherrn ab. Die Arbeitspflichtigen dagegen waren auf die Rolle von Objekten reduziert. In der folgenden Darstellung werden nur solche Arbeitsleistungen als Zwangsarbeit verstanden, die auf der Grundlage des Dekretes über die Arbeitspflicht mit einem zwangsweisen und unbefristeten Aufenthaltswechsel verbunden waren.

Für die Untersuchung des Schicksales der deutschen Bevölkerung des Kreises Mies im Zeitraum Mai 1945 bis Oktober 1946 hat der Verfasser 726 Quellen gesammelt, die nur zu einem geringen Teil den bekannten Dokumentationen entnommen sind. Mehrheitlich handelt es sich um Augenzeugenberichte zum Vertreibungsgeschehen. Etwa 380 davon wurden bereits im Mieser Heimatbrief in den Jahren 1949 bis 1994 veröffentlicht, etwa 300 unveröffentlichte Berichte stammen aus Nachlässen, Archiven und eigenen Ermittlungen. Der Verein „Heimatkreis Mies-Pilsen" hat Ende der 90er Jahre eine eigene Erhebung zu dieser Thematik durchgeführt, wodurch weitere 168 persönliche Erinnerungen in Form von Fragebögen und Augenzeugenberichten gewonnen wurden. Ergänzt werden die Berichte durch eine Anzahl von Dokumenten aus jener Zeit und eine Sammlung von über 1000 Einzeldaten aus den Familiennachrichten des Heimatbriefes. Dadurch wird eine Quellendichte erreicht, die jene der "Dokumentation" um ein Mehrfaches übertrifft und die Ereignisse in der Mehrheit der etwa 130 Gemeinden des Kreises Mies dokumentiert. Der Bestand der Augenzeugenberichte ist in vier Dateien - Umsturz, Aussiedlung, Deportation/Zwangsarbeit und Verhaftung - nach verschiedenen Merkmalen mit insgesamt etwa 20.000 Einzeldaten aufbereitet. Dies ermöglichte eine empirische Auswertung jeweils nach verschiedenen Gesichtspunkten. Da die Erlebnisberichte und Darstellungen bis auf wenige Ausnahmen von betroffenen Sudetendeutschen verfaßt wurden, stellt sich zwangsläufig die Frage nach der Objektivität der Quellen. Schließlich ist diese Art der Primärquellen an sich nicht unproblematisch; Ausdrucksstärke des Verfassers, Erinnerungsvermögen und subjektive Gewichtung sind wesentliche Probleme, die bei der Bearbeitung zu bedenken sind. Auf die Erfahrungen bei der Erstellung der "Dokumentation" konnte dabei zurückgegriffen werden.

2. ARBEITSEINSÄTZE ALS MITTEL DER TERRORISIERUNG

Obwohl die formaljuristischen Grundlagen für die Arbeitspflicht der Sudetendeutschen erst durch das Präsidialdekret vom 19. September 1945 geschaffen wurde, bestand faktisch ab der tschechischen Machtübernahme ein Arbeitszwang, dem alle Deutschen willkürlich unterworfen werden konnten. In allen Orten mit einem tschechischen NV an der Spitze wurden sofort nach dem Umsturz die unterschiedlichsten Arbeitseinsätze angeordnet. Gerade im zweisprachigen Städtchen Wiesengrund an der Sprachgrenze zeigte sich deutlich, wie die befohlenen Arbeitseinsätze die Deutschen der Stadt dem Hohn ihrer tschechischen Mitbürger aussetzen sollten. Dort war am Marktplatz ein Lautsprecher montiert, der nach dem Abspielen nationaler tschechischer Lieder die Anordnungen für die Deutschen bekanntgab. So wurde eines Tages der Bürgermeister aufgefordert, zusammen mit den vormaligen HJ-Jungen die Straßen zu kehren. Notgedrungen kehrten sie zwei Tage lang sämtliche Straßen im Ort. Ein anderes Mal sollte er wiederum mit der HJ in der Sandgrube 135 Fuhren Sand für Straßenarbeiten graben. Als auch tschechischerseits eingesehen werden mußte, daß sie diese Arbeit allein nicht bewältigen würden, wurden ihnen inhaftierte Deutsche aus dem Rathausgefängnis beigestellt. Eines Nachmittags wurden die ehemaligen deutschen Ratsherren für den nächsten Tag zur Säuberung der Schule befohlen, die nacheinander von Flüchtlingen und der amerikanischen Besatzung belegt gewesen war. Dann wieder wurde von den Deutschen verlangt, die Pilsner und eine weitere Straße zu reparieren. Schließlich wurden alle Deutschen beiderlei Geschlechts im Alter von 14 bis 65 Jahren zur Arbeitsleistung am Samstagnachmittag und Sonntagvormittag aufgerufen. Alle mußten mit Werkzeug wie Schaufeln und Rechen ausgerüstet zu Straßenbauarbeiten antreten; bei Nichterscheinen wurde mit schweren Strafen gedroht. Eine weibliche Einsatzgruppe hatte wöchentlich das Rathaus zu reinigen. Während dieser Wochenendfrondienste mußte auch der abgefahrene Bombenschutt umgegraben und nach den Trümmern des Hus-Denkmales durchsucht werden. Die aufgefundenen Reste wurden von deutschen Inhaftierten am Ringplatz saubergeschrubbt. Völlig unsinnig war dagegen der Auftrag, alle Straßen mit einer zentimeterhohen Sandschicht zu versehen, die eine Woche später wieder zu beseitigen war (9).

An Wiesengrund lassen sich beispielhaft Grundzüge dieser Arbeitseinsätze ablesen. Besonders beliebt war offensichtlich die Heranziehung von Personen in gesellschaftlich herausgehobener Position. So wurden in Mies im Juni alle Lehrkräfte beiderlei Geschlechts zur Arbeit in der Landwirtschaft verpflichtet (10). Ebenso auffällig oft wurden Frauen zu niedrigen und unangenehmen Tätigkeiten gezwungen. Putz- und Reinigungsarbeiten werden von vielen Orten berichtet; in Littitz mußten sie beispielsweise die Spuren tschechischer Siegesgelage beseitigen (11), in Mies und Kladrau reinigten sie die Straßen (12). Frau Penkert berichtet darüber: "Ich mußte Straßen kehren (bei uns in Kladrau war es der Ringplatz) bis zum Umfallen, stundenlang. Dann wurde ich von dort weg zum Postraum geholt, wieder zum Putzen und Arbeiten, und das ging mit Abwechslungen täglich weiter." (13) Ein weiteres Charakteristikum ist die Beliebigkeit, mit der Deutschen alle möglichen Dienstleistungen abverlangt wurden (14).

Schließlich muß noch eine besonders scheußliche Art des Arbeitseinsatzes erwähnt werden. Hierbei handelt es sich um den Umgang mit den sterblichen Überresten von Menschen, deren Tod in irgendeiner Weise mit dem NS-Regime zu tun hat. Im Zusammenhang mit dem Aufenthalt eines KZ-Transportzuges in Staab wurde bei Dorf Tuschkau ein entflohener KZ-Häftling nach einem Einbruch erschossen und auf freiem Feld begraben. Am 7. September befahl der NV-Vorsitzende Brand dem bisherigen Bürgermeister Wenzel Franta und drei weiteren Männern, sich mit Werkzeug auszurüsten und den Leichnam auszugraben. Nach der Schilderung von Augenzeugen "wurden sie von den Tschechen zum Grabe des Erschossenen getrieben. Auf dem Wege dorthin bewaffneten sich die Tschechen mit dicken Knüppeln und schlugen mit Zaunlatten u. dgl. wild auf die bedauernswerten Männer ein. Am Grab angekommen, mußten sie den Toten unter fortwährenden Schlägen ausgraben. Nachdem sie die Leiche freigelegt hatten, diese mit bloßen Händen heben, selbe dann küssen, in das Grab steigen und die Stelle, wo die Leiche gelegen hatte, küssen, obwohl noch die Verwesungsrückstände dort lagen. Ein Taubstummer aus der Nachbarschaft, der Vieh hütete, wurde auch herangeholt, ebenso ein heimkehrender deutscher Soldat. Auch diese beiden wurden schwer mißhandelt. Nachdem der Tote in einen bereitstehenden Sarg gelegt worden war, mußten zwei Männer den Sarg den 2 km langen Weg tragen. Wenn sie ausruhen wollten, wurden sie wieder geschlagen und mißhandelt. Am ärgsten benahm sich während der ganzen Zeit der die Ausgrabung leitende Arzt, er schlug am wildesten drein." (16) Während der folgenden Nacht mußten am Friedhof von Dorf Tuschkau vierzehn- bis achtzehnjährige Jungen das neue Grab ausheben (17). Noch am 2. Mai hatte Mies eine Kolonne ausgemergelter KZ-Häftlinge unter SS-Bewachung in Richtung Norden passiert. Einige Ortschaften weiter kam es zur Erschießung von mehreren Häftlingen (18). Möglicherweise sind diese Opfer identisch mit jenen sechs KZ-Toten, die ebenfalls zu Kriegsende bei Schwan verscharrt worden sind. Auch diese mußten wieder ausgegraben werden (19). In Littitz mußte der Bauer Eberl zusammen mit vier anderen Männern "in einer Scheune 5 Kisten als Särge zusammennageln und zum Friedhof bringen. Sie waren für die toten Amerikaner bestimmt, die beim letzten Luftangriff am 26. 4. 1945 abgeschossen wurden." (20) Die amerikanischen Soldaten waren damals am Friedhof beerdigt worden und sollten nun überführt werden. In Holleischen waren bei der gewaltsamen Öffnung des Frauen-Konzentrationslagers durch Wlassow-Soldaten einige der weiblichen Aufsichtskräfte ums Leben gekommen. Eine Gruppe Ortsansässiger mußte "unter Aufsicht von ortsfremden RG-Leuten (...) die toten SS-Bewacherinnen in die meist zu kurzen Särge pressen und an der Mauer des Friedhofs Gräber ausheben" (21).

So verständlich und berechtigt die Erregung auf tschechischer Seite über die grauenhaften Zeugnisse des Nazi-Terrors auch gewesen sein mag, so standen diese doch in keiner direkten Beziehung zur Bevölkerung der Bestattungsorte. Die Begleitumstände bei den Exhumierungen in Staab und Dorf Tuschkau verraten nicht unbedingt den ausschließlichen Wunsch nach einer würdevollen Bestattung, vielmehr lassen sie die Absicht erkennen, die Sudetendeutschen in personaler und nationaler Hinsicht zu demütigen. Letztlich wurden die KZ-Toten seitens der tschechischen Verantwortlichen zum Zwecke ihrer nationalen Befriedigung mißbraucht. Sehr viel mehr Pietät bewies dagegen der Bürgermeister von Radlowitz bei Mies, der die Deutschen seines Ortes vor der "Pflichtbesichtigung" der KZ-Toten von Staab bewahrte, weil er die Ansicht vertrat, sie seien dafür nicht persönlich verantwortlich (22).

3. ARBEITSEINSÄTZE IM NAHBEREICH DES WOHNORTES AUF DER GRUNDLAGE DER ALLGEMEINEN ARBEITSPFLICHT

a) Allgemeine Arbeitspflicht für die Deutschen

Überall bestand für die Sudetendeutschen de facto eine allgemeine Arbeitspflicht, was in der Praxis oft genug die Anordnung jeder beliebigen Arbeit bedeutete. Somit konnte jeder Deutsche, unabhängig von seinem Alter, seiner körperlichen Verfassung und beruflichen Qualifikation, zu jeder Tätigkeit verpflichtet werden. Von dieser Praxis her ist eine Unterscheidung zwischen einer Beschäftigung in demütigender Absicht und einer sachlich notwendigen Arbeitsleistung nicht leicht zu treffen, zumal die Übergänge sicherlich auch fließend waren. Viele Arbeiten lassen sich als objektiv notwendig begründen, so z. B. landwirtschaftliche Arbeiten, die Beseitigung von Kriegs- und Besatzungsfolgen oder in den ersten Monaten der Ersatz der heimgekehrten Fremdarbeiter. Gerade da manche Arbeiten unaufschiebbar waren, zeigt die Beschränkung der Arbeitspflicht auf die Deutschen die Absicht der nationalen Diskriminierung. Zwar konnte den Deutschen nach dem Beneš-Dekret vom 19. September 1945 an jedem beliebigen Ort der Republik eine Arbeit zugewiesen werden, doch war diese dekretierte Arbeitspflicht nicht völlig identisch mit jenen Arbeitseinsätzen, die sofort nach der tschechischen Machtübernahme zu beobachten waren. Letztere beruhten ausschließlich auf der bewaffneten Autorität der tschechischen Seite. Im folgenden beschränkt sich die Darstellung - unabhängig von der Verordnungslage - auf die de facto-Arbeitspflicht im Nahbereich des Wohnortes.

b) Arbeitseinsätze am Wohnort

Einsätze in der Landwirtschaft

Ein großer Teil dieser Arbeitseinsätze spielte sich am Wohnort selbst ab, umso mehr als die Landwirtschaft ohnehin alle bäuerlichen Kräfte beanspruchte. Die Landwirte verrichteten also vorerst ihre gewohnte Tätigkeit weiter, was sich auch nach der Besetzung eines Hofes durch einen tschechischen Verwalter meist nicht gleich änderte. Allein die Früchte seiner Arbeit waren dem deutschen Landwirt ab dann entzogen, und die Höhe der Vergütung lag im Ermessen des Verwalters; oft genug lag es an seinem Wohlwollen, ob er die Arbeitsleistung der Bauernfamilie überhaupt entlohne (34). „Diejenigen, die noch im Hinterstübchen ihres Hauses bleiben konnten, mußten unentgeltlich auf ihrem ehemaligen Anwesen arbeiten, bekamen in den seltensten Fällen das Essen, und sie mußten deshalb bitterste Not leiden, so daß die meisten sich den Tag ihrer Aussiedlung herbeisehnten, in der Hoffnung auf die persönliche Freiheit und menschenwürdiges Leben", schreibt der katholische Seelsorger von Lichtenstein, Anton Rawitzer (35). Viele hatten „wochentags und sonntags ununterbrochen unentgeltlichen Frondienst zu leisten, wobei wir uns selbst verpflegen mußten. Die tschechischen bäuerlichen Ausbeuter und Schinderknechte hatten für uns nicht einmal eine Suppe übrig", schreibt Anna Zeman aus Kottiken in begreiflicher Verbitterung (36). In den Dörfern wurden vielfach auch Personen aus nichtbäuerlichen Familien zu landwirtschaftlicher Arbeit verpflichtet, besonders dann, wenn sich ein größeres Gut in der Nähe befand. So gab es in Rochlowa bei Blattnitz einen Gutshof mit großer Baumschule und Gärtnerei, wo alle Frauen und Mädchen unter Bewachung arbeiten mußten (37). In Chotieschau mußte jede Familie eine Arbeitskraft für den Meierhof stellen (38). Eine damals zweiundzwanzigjährige Bürokraft aus Wscherau schreibt über ihren Arbeitseinsatz, „wir mußten ca. 2 km vom Ort auf einen Meierhof zur Kartoffelernte arbeiten gehen. Dabei waren von Wscherau unsere Postangestellte, ein Lehrer sowie Geschäftsleute von uns und ich. (...) Diese Arbeiten war von uns keiner gewohnt, deshalb waren sie besonders schwer für uns, zumal wir ja kaum etwas Entsprechendes zu essen bekamen; ich muß an dieser Stelle einmal auch etwas Gutes von Tschechen erwähnen: wir bekamen am Abend vor dem Heimweg jeder 1 Liter Milch" (39).

Die größeren Güter in den deutschen Gebieten waren nach dem 1. Weltkrieg im Zuge der Bodenreform meist in tschechischen Besitz gelangt; diese Landwirte waren größtenteils sofort nach dem Kriegsende zurückgekehrt und benötigten nun dringend Landarbeiter. So gab der Besitzer des Trpister Gutes, Mašin, allen deutschen Bauern des Ortes, die vom Nationalverwalter ihres Hofes nicht gebraucht wurden, Arbeit und in manchen Fällen auch Wohnung. Obwohl Mašin damit seine eigenen Wirtschaftsinteressen verfolgte, bewahrte er dadurch gleichzeitig viele Personen vor der Verschleppung in das Innerböhmische (40). Gleiches gilt für den Gutsbesitzer von Chräntschowitz, der nach seiner Rückkehr die Funktion des NV-Vorsitzenden übernahm und sofort alle jungen Leute des Dorfes zur Arbeit auf seinem Gut verpflichtete (41). Eine von Rachegefühlen freie Einstellung wird dem zurückgekehrten Besitzer des Gutes Alfredshof in Kostelzen, dem Nationaltschechen

Velík, attestiert (42). Auch auf dem Meierhof Rochlowa bei Lomitschka hatten es die deutschen Arbeitskräfte vergleichsweise gut. Sie wurden sogar „den damaligen Verhältnissen entsprechend normal entlohnt. Es gab auch Deputat, Naturalien, Milch, Kartoffeln, Weizen, Holz etc." (43). Anderswo wurde Bargeld in unterschiedlicher Höhe bezahlt, wobei es geschehen konnte, daß der Lohn vom eigenen Sparbuch des besetzten Bauern abgehoben wurde (44).

Einsätze im öffentlichen Bereich

Wer nicht in der Landwirtschaft arbeitete, konnte zu anderen Tätigkeiten eingesetzt werden. Die anfallenden Arbeiten, die sich zum Teil aus der Notwendigkeit heraus ergaben, zum Teil aber auch durch Aufträge einzelner Tschechen, wurden täglich verteilt. In Hniemitz wurde im Herbst 1945 zu diesem Zweck ein Lautsprecher montiert, der die Einwohner zur Arbeit oder die Haushaltsvorstände zum Bürgermeister rief (45). Da mußte Kalk gelöscht, in der Gärtnerei geholfen, der Kanal gereinigt oder in der Ziegelei gearbeitet werden (46). Holleischen war einer der wenigen Orte, wo Kriegsschäden zu beseitigen waren. Darüber berichtet Friedl Janka: „Ich mußte im Juni 1945 für ein paar Tage zusammen mit anderen deutschen Mädchen und Frauen (...) ein durch den Luftangriff vom April 1945 beschädigtes Hallendach der Munitionsfabrik mit Dachziegeln abdecken. Das empfanden wir als reine Schikane, uns Frauen auf diese hohen Hallen über Leitern klettern zu lassen, die meisten von uns waren nicht schwindelfrei." (47) In allen Orten dürfte es die Aufgabe der Frauen gewesen sein, die Schulen und sonstige öffentliche Gebäude zu reinigen. Dies war nachweislich der Fall in Kladrau, Kottiken, Littitz, Nürschan, Schlowitz, Tschernoschin, Wscherau und Wiesengrund (48), so daß hier auf eine allgemeine Praxis während der ersten Nachkriegswochen geschlossen werden kann. Manche dieser Reinigungsarbeiten waren offensichtlich eine unabweisbare Notwendigkeit, wie aus folgendem Bericht über Wscherau hervorgeht: „ ... mußte ich umgehend mit einer deutschen Frauenkolonne vom Ort die große tschechische Schule vom Boden bis zum Keller sowie Garten sauber machen. Dies dauerte ca. 3 Wochen, denn dort waren vorher Wehrmacht, Flüchtlinge aus Schlesien und noch vieles mehr, es gab viel Dreck wegzumachen, aber keine Entlohnung." (49) Da der Erhalt von Lebensmittelkarten den Nachweis einer Arbeitstätigkeit voraussetzte, war es für die Deutschen kaum möglich, sich solchen Einsätzen zu entziehen. Angesichts der bewaffneten tschechischen Autorität war dies ohnehin nicht ratsam, wie die folgenden Aussagen belegen. Karoline Kriegelstein aus Schlowitz schreibt: „Die jungen Frauen wurden zusammengetrieben, wir mußten die Schule und Häuser putzen und immer standen diese Kerle mit dem Gewehr hinter uns, wie bei Schwerverbrechern. Die Angst, erschossen zu werden, war immer da." (50) Ähnlich schildert Anna Zeman aus Kottiken ihren Arbeitseinsatz: „Wir deutschen Frauen mußten nicht nur den tschechischen Bauern umsonst roboten, sondern auch in Schulen und sonstigen Anstalten die verunreinigten Aborte und Senkgruben säubern, da gab es keine Weigerung, da sonst die sogenannte ‚Rote Garde' unmenschliche Züchtigungen an Deutschen beiderlei Geschlechts vornahm." (51) Die letzten beiden Quellen zeigen, welch demütigenden Charakter auch an sich gerechtfertigte Arbeiten annehmen konnten. Darüber hinaus wird deutlich, daß öffentliche Arbeiten, d.h. die von der kommunalen Behörde angeordnet wurden, grundsätzlich nicht bezahlt wurden.

c) Arbeitseinsätze im Nahbereich

Neben diesen Einsätzen am Wohnort gab es auch auswärtige Dienstverpflichtungen in der näheren oder weiteren Umgebung. So mußte eine Gruppe junger Frauen aus Holleischen mehrere Wochen lang in einer Ziegelei im wenige Kilometer entfernten tschechischen Stankau arbeiten (52). Von Trpist wurden acht ledige Frauen und zwei junge Männer nach Pilsen zum Arbeitsamt gebracht. Die Frauen wurden an Bauern in der Umgebung vermittelt, die beiden Männer erhielten eine Arbeit am Bau zugewiesen und konnten jeden Tag heimfahren (53). Auch aus anderen Orten wurden Personen vom Arbeitsamt zur Beseitigung der Bombenschäden nach Pilsen dienstverpflichtet. Ein Bauer aus Hniemitz arbeitete vom November 1945 bis zu seiner Aussiedlung gegen gute Bezahlung bei einem tschechischen Tischlermeister, der in Wscherau die Hofmann-Schreinerei übernommen hatte (54). Sehr viel deprimierender verlief dagegen der Arbeitseinsatz Mieser Jugendlicher. Eine Gruppe ehemaliger BdM-Angehöriger, insgesamt zwölf Mädels, wurde bereits im Mai 1945 unter der Bewachung durch vier tschechische Soldaten auf den Gutshof in Tschemin gebracht. Die damals 23-jährige Hildegard Langstein berichtet darüber: „Hier mußten wir auf den Feldern arbeiten, Rüben grasen, Mohn grasen. Geld gab es dafür keines. Wir bekamen am Morgen schwarzen Malzkaffee, zu Mittag gab es

Kartoffeln, Kraut oder Gelberüben, davon gab es genug. Aber weder Fleisch noch Fett noch ein Stück Brot, und abends gab es wieder von diesem Eintopf. Wir gingen um 7 zur Arbeit und kamen um 19 Uhr zurück, und das bei Regen und bei Sonnenschein. Wir schliefen auf Strohsäcken, die voller Flöhe waren, und die auf dem Fußboden nebeneinanderlagen. Wollten wir uns waschen, mußten wir zum Parkbächlein gehen. Wir waren zum Schluß etwa 75 Personen in diesem Lager." (55) Die Mieser Mädels wurden schließlich nach dem Einbringen der Getreideernte heimgeschickt. Die vormalige Mieser BdM-Führerin Thilde Pospischil mußte zusammen mit ihren 40 ehemaligen „Jungmädeln" auf dem etwa 15 km entfernten Gutshof in Worhabschen in der Landwirtschaft arbeiten. Der Einsatz begann im späten Frühjahr 1945, doch „nach drei Wochen waren wir alle krank. Bei Regen mußten wir Erbsen pflücken. Unsere nassen Kleider wurden nie trocken. Wir schliefen im Heu, weil wir es in dem Haus vor Ungeziefer nicht aushielten." (56) Tödlich endete dagegen für einen Jungen die Dienstverpflichtung der Mieser HJ nach Holleischen, wo sie ab Ende August 1945 bei Aufräumungsarbeiten im Zusammenhang mit dem vor Kriegsende explodierten Munitionszug helfen mußten. Während dieser nicht ungefährlichen Arbeiten kam der Jugendliche Rudi Roch durch die Explosion einer Granate ums Leben (57).

d) Entlohnung

Abschließend sei noch einmal festgestellt, daß die Entlohnung der erbrachten Arbeitsleistung recht unterschiedlich ausfiel, ja in sehr vielen Fällen sogar völlig verweigert wurde. Letzteres mochte bei öffentlichen Arbeiten aus tschechischer Sicht im Sinne einer kollektiven Wiedergutmachung gerechtfertigt erscheinen. Doch bei erwerbswirtschaftlichen Tätigkeiten konnte wohl kein tschechischer Betriebsinhaber guten Gewissens so argumentieren. Dies wurde von der Verwaltung des Wscherauer Meierhofes offenbar auch so gesehen, denn als es ein dort zur Kartoffelernte Beschäftigter nach Wochen wagte, um seinen Lohn zu bitten, wurde er anstandslos bezahlt (58). De jure bestand immerhin seit dem Präsidialdekret vom 19. September 1945 ein Anspruch auf ein Arbeitsentgelt. Tatsächlich scheinen die Deutschen im besten Falle eine Bezahlung erhalten zu haben, die den Tarif eines Hilfsarbeiters nicht überstieg (59). Der vormalige Amtsleiter des Vermessungsamtes Mies, Heinrich Ertl, der im März 1946 zur Siedlungskommission in Mies verpflichtet wurde, bekam dort als technische Hilfskraft den Stundenlohn eines ungelernten Arbeiters (60). Der Trpister Josef Keil, der ab Dezember 1945 als Bauhilfsarbeiter in Pilsen dienstverpflichtet war, erhielt den Lohn eines Bauhilfsarbeiters ausbezahlt, allerdings abzüglich 20 % „Reparationskosten" (61).

4. DEPORTATION DER DEUTSCHEN BEVÖLKERUNG DES KREISES MIES (1)

a) Umfang der Deportationen

Die Deutschen waren in der ČSR einer allgemeinen Arbeitspflicht unterworfen, die faktisch mit der tschechischen Machtübernahme einsetzte, aber erst mit dem Dekret vom 19. September 1945 auf eine gesetzliche Grundlage gestellt wurde. Demnach waren alle Personen - soweit sie dem vorgeschriebenem Alter und einem bestimmten körperlichen Zustand entsprachen - verpflichtet, alle Arbeiten an jedem beliebigen Ort zu leisten. Somit konnte die gesamte arbeitsfähige Kreisbevölkerung auch wohnortfern eingesetzt werden. Tatsächlich befanden sich im Rahmen dieser Verordnung etwa 13 000 Personen monatelang außerhalb des Kreisgebietes, was etwa einem Viertel der nach Kriegsende anwesenden Wohnbevölkerung entsprach. Allerdings handelte es sich dabei nicht ausschließlich um Arbeitskräfte im Sinne des Präsidialdekretes, sondern um ganze Haushalte. Das heißt, darunter befanden sich alte Menschen (4), Schwangere (5) und Arbeitsuntaugliche (6) ebenso wie Kinder jeden Alters (7). Da eine große Zahl der Männer noch nicht aus dem Krieg zurückgekehrt oder aber inhaftiert war, bestand der Hauptteil der arbeitsfähigen Erwachsenen aus Frauen, unter denen sich wiederum viele Mütter mit kleinen Kindern (8) befanden. Von den Arbeitsuntauglichen waren viele schwerkrank, so daß manche noch während des Transportes oder kurz danach starben (9). Nachdem also von diesen Arbeitsverschickungen nicht nur die Arbeitskräfte als solche betroffen waren, sondern die gesamte Bevölkerungsstruktur des Kreises in Mitleidenschaft gezogen wurde, kann hier von einer Deportation der Bevölkerung gesprochen werden. Immerhin zeigt die Anzahl und geographische Verteilung der betroffenen Orte, daß nicht nur große Ortschaften oder nur ein Teil des Kreises, sondern das gesamte Kreisgebiet von den Deportierungen erfaßt wurde. Überall ist zu beobachten, daß vorzugsweise solche Familien verschleppt wurden, deren Anwesen bereits tschechisch besetzt waren (10) oder gleich anschließend von einem Nationalverwalter übernommen wurden (11). Der Pfarrer von Lichtenstein, in dessen Pfarrei 400 Personen verschleppt wurden, sieht den Anlaß darin, daß die deutschen Eigentümer den tschechischen Besetzern im Wege waren (12). Dies war zwar nicht der Anlaß für die Deportationen, doch läßt sich darin ein Auswahlprinzip erkennen. Ausgenommen waren jedoch jene Deutschen, die als "Antifaschisten" anerkannt waren, wobei eine antifaschistische Vergangenheit selbst noch keinen absoluten Schutz bot (13). Allein Chotieschau mit den umliegenden Gemeinden blieb davon ausgespart, da die dortigen Kohlenzechen selbst Arbeitskräfte benötigten (14). Auch die Art und Weise der Durchführung beweist, daß diese Arbeitsverschickungen den Charakter von Massendeportationen hatten. So lassen sich wenigstens zehn große Eisenbahntransporte belegen. Für den westlichen Landkreis diente dabei Mies als Abgangsbahnhof. Dort wurde am 29. August 1945 der erste große Transport zusammengestellt, der 1 200 Personen aus Mies und den umliegenden Dörfern (15) in den Bezirk Časlau brachte (16). Weitere Güterzüge mit jeweils über 1 000 Menschen gingen am 13. September (17) und am 13. Oktober (18) nach Kralup ab. Ein weiterer Transport ging am 12. Oktober nach Vlašim bzw. Votice (19). Die letzten beiden großen Transporte erfolgten am 29. und 30. Oktober in die Bezirke Pelhřimov und Příbram (20). Bereits in der zweiten Augusthälfte war eine große Zahl Mieser per Lastwagen nach Holleischen in ein Sammellager (21) verbracht worden, von wo aus sie in der ersten Septemberhälfte mit anderen in Güterwaggons in den Bezirk Pelhřimov transportiert wurden (22). Der südöstliche Landkreis wurde Anfang Oktober deportiert; so verließ jeweils ein Güterzug mit etwa 1 000 Menschen Wiesengrund am 4. Oktober nach Prag (23), Staab am 5. Oktober nach Časlau (24) und am 10. Oktober Holleischen nach Pelhřimov (25). Im nordöstlichen Kreisgebiet verließ am 25. September Nürschan ein Großtransport mit dem Ziel Kolin (26). Zwei kleinere Eisenbahntransporte mit jeweils etwa 200 Personen erfolgten ab der Bahnstation Kosolup am 13. Oktober nach Blatna (27) und am 19. Oktober nach Königgrätz (28). Neben diesen Massendeportationen vom August bis Oktober 1945, die jeweils ganze Landstriche erfaßten, gab es noch weitere Verschleppungen, die entweder nur einen Ort oder eine kleinere Zahl betrafen. Bereits im Juli 1945 war die Hälfte der Einwohner Elhottens bei Wiesengrund nach Prag verschickt worden (29). Ebenfalls nach Prag wurden im Sommer Einwohner von Schweißing (30) und von Stadt Tuschkau (31) geschickt. Auf LKWs wurde am 24. August die gesamte bäuerliche Bevölkerung Rothaujezds geschlossen in den Bezirk Blatna (32) gebracht, am 28. November wurden etwa 400 Bewohner von Littitz in den Bezirk Klattau (33) verschleppt. Sonderaktionen waren wohl die gezielte Auswahl von 25 SS-Leuten aus dem KZ Mies zum Arbeitseinsatz in Innerböhmen (34) sowie die Zusammenstellung von etwa 100 Männern aus dem gesamten Kreisgebiet für die Eisenwerke in Králův Dvůr (35). Auf den Mangel an männlichen Arbeitskräften weisen die kleinen Gruppen von jungen Frauen hin, die immer wieder aus einzelnen Orten abgeholt wurden (36). Noch im Frühjahr 1946, als die Verteilung längst begonnen hatte, wurden neben anderen (37) eine größere Zahl aus Lochutzen sowie aus den benachbarten Orten Anischau (38) und Tschihana (39) in den Nachbarkreis Přestice transportiert. Auch aus dem kleinen Dorf Hollezrieb wurden noch im April 1946 etwa 30 Personen in den Bezirk Klattau verschleppt (40), aus Zwug sogar noch im Juli jemand nach Kolin deportiert (41). Abschließend läßt sich feststellen, daß das Kreisgebiet durch wenigstens dreizehn Eisenbahndeportationen komplett abgedeckt war, und daß die Verschleppten in den tschechischen Bezirken Časlau, Kolin, Pelhřimov, Přibram und Blatna konzentriert wurden. Die offensichtliche zentrale Steuerung und die große Zahl der betroffenen Orte wie auch der zahlenmäßige Gesamtumfang rechtfertigen es, von einer Massendeportation zu sprechen, deren Ablauf im folgenden dargestellt wird.

b) Aushebungen

Über den ersten Großtransport am 29. August ab Mies wurden die betroffenen Mieser noch durch eine schriftliche Aufforderung in tschechischer und deutscher Sprache informiert. Der von der Ortsverwaltungskommission Mies (Místní správní komise Stříbro) ausgestellte Vordruck wurde am Tag der Deportation zugestellt und enthielt die Namen der Betroffenen, Uhrzeit und Sammelplatz. Außerdem hieß es knapp: "Für die Reise bereiten Sie sich Ihre nötigsten Sachen vor (warme Wäsche, Lebensmittel usw.)." Außer der Androhung strengster Bestrafung bei Nichtbefolgung waren keine weiteren Informationen enthalten (42). In gleicher Weise wurden die beteiligten Nürschaner des Transportes vom 25. September verständigt. Dort war der NV die ausstellende Behörde, das maschinenschriftliche Formular ist jedoch wortgleich mit der Mieser Aufforderung (43), was auf eine zentrale Vorgabe schließen läßt. Diese Art der Ankündigung war allerdings die Ausnahme, da sie nur in den beiden Städten, aber nicht in den kleineren Gemeinden schriftlich erfolgte (44). Bei allen anderen Transporten erfolgte vorher grundsätzlich keine Ankündigung, so daß daraus geschlossen werden kann, daß es weniger darum ging, den Verwaltungsaufwand zu vermeiden, sondern einen Überraschungseffekt zu erzielen. Dies gelang in der Regel auch, da in den Erlebnisberichten nur äußerst selten Gerüchte über die bevorstehende Aktion erwähnt werden, aber immer wieder betont wird, daß die bevorstehende Deportation eben nicht angekündigt worden war. Offensichtlich wurden die Termine bewußt geheimgehalten. So wird in zwei Quellen aus Wiesengrund eine gewisse Unruhe am Vortag erwähnt, doch ohne daß der Anlaß dafür erkennbar gewesen wäre (45). Auch in Littitz dachte sich niemand etwas Besonderes, als am Abend des 27. Novembers gegen 22 Uhr plötzlich das Licht ausging und das ganze Dorf im Dunkeln lag. Doch im Morgengrauen zwischen fünf und sechs Uhr polterten Bewaffnete an die Türen und forderten die Familien auf, die Anwesen zu verlassen. Als die 400 Littitzer auf die offenen Lastwagen getrieben wurden, die im Schneeregen vor den Häusern standen, kannte niemand das Ziel dieser Nacht-und-Nebel-Aktion (46). So nahm die Zusammenstellung der Deportationstransporte letztlich die Form einer gewaltsamen Aushebung an.

Nahezu ausnahmslos wurden die zur Deportation vorgesehenen Familien zu nächtlicher Stunde aus dem Schlaf gerissen, indem sie von bewaffneten Revolutionsgardisten durch lautes Rufen und Pochen an Fenstern oder Türen geweckt wurden. Die Schilderung des Bauern Kutschera aus Piwana ist typisch für diesen Vorgang: "Morgens gegen 4 Uhr wurden wir durch lautes Klopfen und Rufen 'Aufmachen!' aus dem Schlaf gerissen. Ich und meine Frau Katharina zitterten am ganzen Körper und ahnten Schlimmes. Ich machte die Haustür auf und vor mir standen zwei Personen. Ein Mann mit Gewehr und aufgepflanztem Bajonett und ein anderer, der uns eröffnete, daß wir uns sofort anziehen und bereithalten sollten für den Abtransport. Ein bißchen Gepäck könnten wir mitnehmen. Warum und wohin, darüber erfuhren wir nichts." (47) In Dorf Tuschkau lief die Aushebung in gleicher Weise ab, wobei die Deutschen rücksichtslos terrorisiert wurden: "Im ersten Schreck wußten die Betroffenen nicht, was sie früher anfassen sollten, wonach sie zuerst greifen sollten. Ging es einer dieser tschechischen Bestien in Menschengestalt zu langsam, so wurden die armen Menschen mit Revolvern bedroht und geschlagen. Kleider, die den Tschechen gefielen, wurden aus der Hand gerissen. Der tschechische Lehrer riß einem Mädel die Handschuhe von den Händen und nahm ihr die Uhr weg. (...) Eine Familie, bestehend aus einer Frau mit fünf Kindern, einer geistesschwachen und einer halblahmen und kranken 70-jährigen Frau, mußte binnen einer Viertelstunde gestellt sein. Dies reichte nicht aus, um die Kinder zu kleiden." (48)

In den ländlichen Orten wurden die Bewaffneten meist durch einen NV-Vertreter geführt. In Techlowitz scheuchte der NV-Vorsitzende selbst die Betroffenen mit vorgehaltener Pistole innerhalb von zehn Minuten aus den Häusern (49). In der Regel hatten die Familien wenigstens eine halbe Stunde, oft auch länger Zeit, um das Nötigste einzupacken. In allen ländlichen Gemeinden, aber mitunter auch an größeren Orten, erfolgte das Packen unter tschechischer Aufsicht, wobei gute Stücke häufig wieder aussortiert wurden (50). Sparbücher und Wertsachen, besonders aber die Besitzurkunde des Anwesens wurden den Deutschen bei dieser Gelegenheit grundsätzlich abgenommen (51). In welcher Verwirrung sich das notwendigerweise abspielte, verdeutlicht das Erlebnis des Johann Kral aus Hniemitz: "Mit den Gendarmen kam auch zugleich der Besitzer mit seiner Frau auf meinen Hof. Wir wußten wirklich nicht, was das werden sollte und konnten vor Aufregung nichts anfassen. (...) Als ich aus meiner Tischschublade meine Sparbücher, Ahnenpaß und Besitzbogen nehmen wollte, ist mir alles von Wachtmeister Lorenz abgenommen worden. Meine Frau war dabei, die Kinder anzuziehen, doch war so ein Geschrei, daß sie selbst nicht damit fertig wurde. (...) Ich hatte schnell einige Betten in vier Säcke gesteckt, 2 Laib Brot, ein Stück Butter, sowie zwei Flaschen Milch, die ich erst aus einem großen Topf ohne Trichter aufgefüllt hatte und diese im Kinderwagen verstaute. Als ich noch auf den Boden gehen wollte, um etwas Salz zu holen, war schon die halbe Stunde herum, und man trieb uns aus dem Hause. Ich selbst hatte auf das Anziehen vergessen und so war ich nur in meinem Arbeitsgewand." (52) Wie unterschiedlich das Transportgepäck in dieser kopflosen Situation ausfallen konnte, zeigt ein anderer Bericht, wonach " pro Person 1 Sonntags- und 1 Arbeitsanzug, 2 Garnituren Wäsche, 2 Paar Schuhe und für 2 Personen 1 Federbett und 1 Kopfpolster" (53) eingepackt werden durften. Was immer auch mitgenommen werden konnte, in den Erlebnisberichten wird übereinstimmend von "wenig" gesprochen; falls Gewichtszahlen genannt werden, tauchen Angaben von 25 bis 70 Kilo auf. Doch können solche Gewichtsangaben unter diesen Umständen keinen absoluten Aussagewert beanspruchen, zumal kaum erwähnt wird, ob sich diese Angabe auf eine Person oder die ganze Familie bezieht.

Nach der Zeit, die für das Fertigmachen eingeräumt worden war, hatten sich die Familien an einem bestimmten Sammelplatz einzufinden, meistens der Kirchplatz, wo Fuhrwerke für den Transport zum Bahnhof bereitstanden. Dabei wurde weder auf das Wetter noch auf die Transportfähigkeit einzelner Rücksicht genommen. Aus Stadt Tuschkau berichtet Anna Brosch: "Um 1 Uhr nachts wurden wir zum Marktplatz geführt, wo zwei große Leiterwagen bereitstanden. Wir waren 80 Personen, die hier verladen wurden. Ich lehnte mit dem Rücken an der Leiter über dem Rad, mein Bruder neben mir, die Kinder an mich gedrückt. Zu Füßen lag ein 80-jähriger gehunfähiger Mann. Mein Bruder, schwerkriegsverletzt, hatte Schwierigkeiten mit dem Stehen. An jedem Leiterwagen waren sechs brennende Fackeln angebracht. Eine Menschenmenge begleitete uns zum Bahnhof. Man hörte nur Weinen und Schluchzen. Der Regen trommelte auf die Regenschirme, und die Fackeln loderten in der Finsternis. Einen Kilometer lang zog sich der Zug bis zum Bahnhof nach Kosolup. (...) Hier wurden wir in einen Lastzug verfrachtet, die Türen zugezogen. Unsere Habe in einen anderen Wagen durchnäßt hineingeworfen. Nun saßen wir auf dem Fußboden und warteten, was weiter mit uns geschehen soll." (54) In größeren Orten wie Mies, Wiesengrund, Nürschan oder Stadt Tuschkau war der Sammelplatz entweder gleich der Abgangsbahnhof oder ein Saal, in jedem Falle dauerte es stundenlang, bis sich der Eisenbahntransport endlich in Bewegung setzte. In Mies wurden die Menschen am 29. August zuerst am Ringplatz versammelt, der mit Seilen umspannt und bewacht war. "Es war heiß, Durst und Hunger machten sich bemerkbar. Die Amerikaner filmten alles vom Hotel Schober aus; Kinder weinten, am Pflaster wurde gewickelt. (...) Abends ging es zur Fa. Just." (55) „In die dortige Fabrikshalle mußten wir unser Gepäck schaffen, Gold, Silber und Schmuckstücke wurden abgenommen. Alte und Kranke lagen auf den Säcken, Kinder schrien nach ihren Betten, es verging eine trostlose Nacht."(56) Während der Nachtstunden waren die Fuhrwerke aus den umliegenden Ortschaften eingetroffen, deren menschliche Fracht die Stunden bis zur Abfahrt am Morgen in den Waggons abwarten mußten (57).

Das Ziel der Zugfahrt war selbstverständlich unbekannt, aber selbst der Charakter des Abtransportes war den wenigsten wirklich bewußt. Wohl um keine vermeidbaren Widerstände zu provozieren, unterließen es die tschechischen Autoritäten, die betroffenen Familien über Ziel und Zweck der Reise zu informieren. Es war eher die Ausnahme, wenn den Deutschen gesagt wurde, es handle sich nur um wenige Wochen Feldarbeit (58). Wenn dies auch eine verniedlichende Umschreibung war, so kam sie doch der Absicht der Verschleppung nahe. In den meisten Fällen blieben die Menschen den Gerüchten überlassen, die sie mangels zuverlässiger Nachrichtenquellen letztlich nie beurteilen konnten. Im Laufe des Herbstes hatte sich zweifelsohne die Tatsache der Verschleppung herumgesprochen, so daß manche schon irgendein Arbeitslager als Ziel vermuteten (59). Viele glaubten auch an die Aussiedlung nach Deutschland, zumal sie mit dieser Begründung zum Abtransport befohlen worden waren (60). Für diese war dann die Enttäuschung umso schlimmer, wenn sie erkannten, daß der Zug in die entgegengesetzte Richtung rollte, und sich die Angst ausbreitete, das Ziel sei Sibirien (61).

c) Durchführung der Transporte

Wie bereits erwähnt, wurden neben einigen örtlichen Deportationen per LKW die Großtransporte alle mit der Eisenbahn abgewickelt. Für den ersten Transport aus Mies kam ein Personenzug zum Einsatz, dem sämtliche Fensterscheiben fehlten (62). Ansonsten wurden Güterwagen verwendet, die in vielen Berichten als Viehwaggons klassifiziert werden (63). Ohne Rücksicht auf das nasse Herbstwetter wurden dabei auch offene Waggons eingesetzt (64). "Als die Fahrt losging, fiel ein Funkenregen auf uns nieder, weil unser Wagen gleich hinter der Lokomotive angehängt war. Es roch nach versengten Haaren. Mit ausgespannten Decken versuchten wir, die Kinder und unsere letzte Habe zu schützen," so Gisela Mueller aus Mies (65). In den einzelnen Waggons drängten sich 70 bis 90 Menschen, Alte und Kinder, Kranke und Gesunde durcheinandergewürfelt. Die Transporte standen unter der Bewachung mitfahrender Revolutionsgardisten (66). Die Züge fuhren meist direkt zu ihrem Bestimmungsort. Dies entwickelte sich insofern zu einer unerträglichen Belastung, als diese Sonderzüge immer wieder fahrplanmäßige Züge abwarten mußten (67), so daß die relativ kurzen Strecken unverhältnismäßig lange Fahrtzeiten erforderten, ohne daß die Waggons verlassen werden konnten. So benötigte der Transport vom 13. Oktober 24 Stunden bis Kralup (68); von einem anderen Transport schreibt Maria Hüttinger: "Am 14. Oktober 1945 (nach 2 Tagen) stand der Zug zum ersten Mal und die Eisenriegel wurden zurückgeschoben, die Türen geöffnet. Wir waren in Vlašim, mußten die Waggons räumen (...)." (69) Zu der Bewegungsnot in den fensterlosen Güterwaggons kamen noch Hunger und Durst, denn eine Verpflegung wurde von Seiten der tschechischen Autoritäten bis zum Erreichen des vorgesehenen Zieles nicht gereicht, nicht einmal für Wasser wurde gesorgt (70), ebenso wenig waren Vorkehrungen zur Verrichtung der Notdurft getroffen. In dem Bericht von Maria Schneider aus Mies heißt es lakonisch: "Kinder weinten, Frauen beteten leise den Rosenkranz, es regnete durch die Decke und war bereits empfindlich kalt." (71). Noch unmenschlicher verlief der Transport für jene alten bzw. arbeitsunfähigen Menschen oder Mütter mit Kleinkindern, die am ersten Zielort niemand als Arbeitskräfte haben wollte. Manche dieser Deportationstransporte gerieten für diesen Personenkreis zur tagelangen Odyssee, so beispielsweise der Transport der Wiesengrunder Bürger. Der Güterzug des Wiesengrunder Transportes bestand ausschließlich aus offenen Viehwaggons, in die 1 200 Menschen bei regnerischem Wetter verfrachtet wurden. Obwohl die Einwaggonierung bereits am Morgen begonnen hatte, setzte sich der Zug erst am Nachmittag des 2. Oktober in Bewegung (72). Die Fahrt ging über Nacht im anhaltenden Regen bis Prag, wo sofort nach der Ankunft etwa 780 Personen von Bauern zur landwirtschaftlichen Arbeit abgeholt wurden. Der Rest verbrachte die zweite Nacht in einer Lagerhalle am Bahnhof. Zur Verpflegung wurde ihnen ein Waggon mit Rüben überlassen. In den nächsten beiden Tagen wurden weitere Arbeitskräfte ausgesondert bis etwa 200 bis 300 Personen übrig blieben. Diese wurden nun nach Jílové transportiert, wo sie für drei Tage in einem Tanzsaal untergebracht wurden. Darunter befand sich eine Wöchnerin, die eben erst entbunden hatte. Schließlich blieben noch 168 Menschen übrig, die niemand haben wollte und deswegen nach Pilsen zurücktransportiert wurden. Dort stand der Transport nochmals eine Nacht, bevor er aufgelöst wurde. In diesen acht Tagen hatte sich niemand um die Versorgung der Verschleppten gekümmert (73).

Der Mieser Großtransport vom 13. Oktober entwickelte sich für die "Nichtvermittelbaren" zu einer bürokratischen Groteske, die auf ihren Rücken aufgeführt wurde. Nachdem die Menschen bereits im Morgengrauen aus den Betten geholt worden waren, fuhr der Zug endlich abends um 19.00 Uhr los. Als die Insassen am nächsten Abend in Kralup ausstiegen, begann sofort die Verteilung der Arbeitskräfte. Auch hier blieb ein Rest von 225 Personen übrig, darunter 86 Kinder unter elf Jahren, die nun alle in das bereits völlig überfüllte Internierungslager geschafft wurden. Am nächsten Tag sorgte die Lagerverwaltung für eine ärztliche Untersuchung, die die Arbeitsunfähigkeit dieses Personenkreises bestätigte. Daraufhin wurde die Rückführung nach Mies angeordnet, wo sie am Abend des 20. Oktober eintrafen. Doch mit Entsetzen mußten sie zur Kenntnis nehmen, daß sie ihre drei Viehwaggons nicht verlassen durften. Die Krankenschwester Marie Schneider aus Mies beschreibt diesen Moment so: "Fräulein Kurzka Marie riß aus ihren Säcken die Wäsche und Kleidungsstücke heraus und warf alles wahllos umher. Sie war nicht mehr ganz bei Sinnen. Herr Huis bekam einen Herzkrampf nach dem anderen. Eine Frau aus Kladrau wurde sterbend herausgetragen. Ich selbst war am Ende meiner Kraft, und ich hätte wohl meinem Leben ein Ende bereitet, wenn eine Möglichkeit vorhanden gewesen wäre. Wir hatten tagelang nichts Richtiges mehr gegessen, spürten auch gar keinen Hunger mehr. Die Kinder waren matt und rührten sich gar nicht mehr." (74) Nachdem der Bahnhofsvorstand angeblich mit dem Innenministerium telefoniert hatte, kehrte der Zug nach zweistündigem Aufenthalt nach Prag zurück, wo sie am nächsten Morgen eintrafen. Eine zweite ärztliche Untersuchung stellte wiederum die Arbeitsunfähigkeit fest. Anschließend erhielten sie das erste Mal richtige Verpflegung und wurden dann wieder nach Mies zurückgeschickt. Dort trafen sie schließlich am 22. Oktober am späten Nachmittag ein. Entgegen den Weisungen aus Prag konnten viele dennoch nicht mehr in ihre Wohnungen zurück, da diese inzwischen von Tschechen bezogen waren (75).

Angesichts dieser Umstände war es unausweichlich, daß Menschen während dieser Transporte körperliche und geistige Schäden davontrugen oder auch das Leben verloren. Einzelbeobachtungen in vielen Berichten vermitteln einen authentischen Eindruck davon. So werden immer wieder Leute erwähnt, die den Verstand verloren (76) oder Herzattacken erlitten (77). Erkältungskrankheiten waren bei diesen Transportverhältnissen zweifelsohne unvermeidlich. Naturgemäß gibt es hierzu und zu den Spätfolgen besonders bei Alten und Kranken überhaupt keine Zahlen.

d) Verteilung der Deportierten

Wie bereits erwähnt, wurden die Deutschen zu Arbeitseinsätzen verschleppt. Ausnahmslos für alle Transporte galt, daß sie am Zielbahnhof bereits von Interessenten erwartet wurden. Ob auf dem Prager Güterbahnhof, im Meierhof Filipov bei Časlau, im Internierungslager Kolin oder am Bahnhof von Blatna, überall spielte sich die gleiche Szene ab. Unter der Leitung des zuständigen Arbeitsamtes wurden die Deportierten an die verschiedenen Bewerber verteilt (78): "Auf dem Bahnsteig mußten wir uns alle in einer langen Reihe aufstellen. Männer, die schon auf uns gewartet hatten, traten näher, sahen uns von oben bis unten prüfend an, so wie Vieh auf dem Markt begutachtet wird, taxierten uns nach Körperkraft und Gesundheitszustand und trafen dann ihre Wahl." (79) Aus der familienweise angetretenen Menge suchten sich die Interessenten - meist Landwirte - jene aus, die ihnen am besten zur Arbeit tauglich schienen. Manche fragten deshalb nach dem Beruf, andere dagegen überzeugten sich eigenhändig vom körperlichen Zustand der angebotenen Deutschen. Franz Pruckner berichtet: "Bei uns Jungen wurde sofort eine Muskelkontrolle durchgeführt: Abgreifen der Muskeln, Oberschenkel und Arme" (80). In einem anderen Bericht heißt es zusammenfassend, "besonders die Frauen wurden genau besichtigt. Mit Kennerblick betrachtete man das Hintergestell, dann beaugapfelten sie die Waden und schließlich mußte sie vorne etwas griffig sein (81). Die Männer wurden nach Größe, Kleidung und eventueller Begabung zum Kutscher oder Fütterer beurteilt. Waren Mann und Frau in Ordnung, dann waren ja auch noch Kinder da. Am meisten gefragt waren etwa 10- bis 14jährige Kinder, denn die waren so recht zum Viehhüten oder Aushelfen im Stall und auf dem Felde" (82). Anna Brosch aus Stadt Tuschkau schildert den Vorgang so: "Es kam einer auf mich zu und sagte 'Aufstehen, rumdrehen! Was haben Sie noch dabei?' Meine Antwort: zwei kleine Kinder, zwei und vier Jahre alt, und einen schwerkriegsbeschädigten Bruder und die Mutter. Darauf gab er mir zur Antwort: 'Vier Fresser und eine Arbeitskraft.' Ich konnte mich wieder setzen. So verbrachten wir hier eine geraume Zeit, bis wir 29 Personen übrigblieben." (83) Es ist nur allzu verständlich, daß diese Auswahlprozedur von den Augenzeugen übereinstimmend als Sklaven- oder Viehmarkt bezeichnet wird (84). Nicht einmal die Zusammengehörigkeit von Familien wurde respektiert, so daß es aus Gründen der Zweckmäßigkeit geschehen konnte, daß Kinder von ihren Angehörigen getrennt wurden (85). Für jede Arbeitskraft mußten dem Arbeitsamt 25 Kč bezahlt werden, die an Ort und Stelle kassiert wurden (86). Neben den Arbeitsuntauglichen blieben häufig noch große Familien übrig. Diese wurden meist großen Gütern zugeteilt oder in Lager eingewiesen (87). Auch dort ging das Ausleseverfahren weiter, wie Professor Pitroff aus Mies berichtet. "Am Vormittag kamen abermals Bauern, um sich Arbeitskräfte auszusuchen. Wir Alten und Gebrechlichen blieben wiederum übrig. Erst am dritten Tage fühlte ein Bauer (...) Mitleid mit uns und nahm beide, meine Frau und mich mit. Wer keinen Arbeitgeber gefunden hatte, mußte im Lager bleiben und wurde in die dortigen Fabriken zur Arbeitsleistung eingewiesen." (88) Die überwiegende Zahl der deportierten Deutschen arbeitete in der Landwirtschaft oder in kleineren Fabriksbetrieben. Der arbeitsunfähige Rest eines Transportes wurde nicht in jedem Fall zurückgeschickt, so daß gerade die Alten und Kranken oft schon nach kurzer Zeit in der Fremde starben (89). Für die Mehrzahl endete die Verschleppung mit den Aussiedlungstransporten auf der Grundlage der Potsdamer Beschlüsse im Jahre 1946. Doch ein nicht unerheblicher Teil wurde bis Ende der 40er Jahre zurückgehalten oder kam erst in den 60ern in geringer Zahl als Aussiedler in die Bundesrepublik Deutschland. Manche leben heute noch verstreut in der Tschechischen Republik (90).

5. ZWANGSARBEIT
a) Zwei Phasen der Zwangsarbeit

Das unmittelbare Ziel der Deportation der Sudetendeutschen ins Landesinnere bestand im Arbeitseinsatz gemäß dem Dekret vom 19. September 1945. Dieses nennt als Begründung die Beseitigung von Kriegsschäden und die Wiederherstellung des durch den Krieg zerrütteten Wirtschaftslebens. Mochten auch im Mai 1945 lokal noch erhebliche Kriegsschäden eingetreten sein, so rechtfertigte das tatsächliche Ausmaß der Zerstörungen in den weitgehend von Kampfhandlungen verschonten Gebieten Böhmens, Mährens und Schlesiens diese Massendeportation nicht. Zudem hätte allein schon die Altersstruktur der Verschleppten keine qualifizierten Arbeitseinsätze erlaubt. Vielmehr ging es darum, die unmittelbaren Auswirkungen des Dekretes über die Besiedelung des deutschen landwirtschaftlichen Bodens auf die Beschäftigtenstruktur im Innerböhmischen aufzufangen. Ein Teil der Zielgruppe des Dekretes hatte sich in den Sommermonaten sofort auf den Weg gemacht, um in den deutschen Gebieten selbst Bauer zu werden, so daß wenigstens ab dem Spätsommer in der tschechischen Landwirtschaft ein empfindlicher Arbeitskräftemangel auftrat, der möglicherweise sogar die Kartoffel- und Rübenernte bedrohte. Immerhin wurde zu dieser Zeit das Dekret erst erlassen, und das Hauptkontingent aus dem Kreis Mies sogar erst im Oktober verschleppt. Zu diesem Zeitpunkt hatten manche der großen Güter alle ihre Landarbeiter verloren (1); "sie waren nach Sudeta gegangen, wie es hieß" (2). Tatsächlich wurde der größte Teil der Deportierten in der Landwirtschaft eingesetzt, wo entgegen den Ausführungen des Dekretes weder Kriegsschäden noch wirtschaftliche Zerrüttungen zu beheben waren. Sehr viele wurden Gutshöfen zugeteilt, die oft zig Deutsche beherbergten; es werden Zahlen von 70 und 100 Personen genannt, unter denen sich viele Kinder und Alte befanden (3). Andere waren als einzelne bei Bauern zur Arbeit verpflichtet. Nur ein geringer Teil war außerhalb der Landwirtschaft eingesetzt, vorwiegend in mittelständischen Industriebetrieben, wo die Verschleppten unter lagerähnlichen Verhältnissen lebten (4). Nur eine einzige Gruppe, ausnahmslos Männer im arbeitsfähigen Alter, arbeitete in der Großindustrie (5). Eine nennenswerte Zahl geriet bis 1948 sogar in die berüchtigten St. Joachimsthaler Urangruben. Dabei handelte es sich meist um einzelne Familien aus verschiedenen Orten, die zumeist erst in den 60er Jahren aussiedeln konnten (6). Über Dienstverpflichtungen bei Gewerbetreibenden finden sich keine Nachweise. Nach den amtlichen Richtlinien sollten die Sudetendeutschen im Rahmen ihrer Arbeitspflicht nur in der Landwirtschaft, Steinbrüchen, Straßenbau und in Bergwerken eingesetzt werden (7). Somit kann festgestellt werden, daß die verschleppten Sudetendeutschen zu körperlich schweren und einfachen Tätigkeiten herangezogen wurden, wofür einerseits einheimische bzw. tschechische Arbeitskräfte fehlten und andererseits die zwangsrekrutierten Deutschen ohne Rücksicht auf ihre Arbeitskraft und berufliche Vorbildung eingesetzt werden konnten. An diesen Arbeitsorten verblieben die Deutschen zumeist bis zu ihrer Aussiedlung im Rahmen der alliierten Vereinbarungen. Trotz des nach wie vor bestehenden Arbeitskräftebedarfs in der Landwirtschaft und des Bemühens mancher Landwirte, die billigen Kräfte zu behalten (8), hatte die Aussiedlung der Deutschen Vorrang vor den ökonomischen Zwängen einzelner Branchen. Immerhin wurde beschlossen, daß die landwirtschaftlichen Kräfte erst in der letzten Etappe ausgesiedelt werden sollten (9). So wurden die sudetendeutschen Deportierten nach und nach von ihren Einsatzorten abgezogen und während des Sommers und Herbstes 1946 über das nächste Sammellager oder ihre Heimatgemeinden vertrieben. Damit endete eine erste Phase der Zwangsarbeit. Da jedoch die Vertreibungstransporte im Herbst eingestellt wurden, noch bevor alle Lager und deutschen Orte von ihrer alteingesessenen Bevölkerung geräumt worden waren, setzte sich für viele die Zwangsarbeit fort. Als der letzte Transport das Aussiedlungslager Mies verlassen hatte, befanden sich dort noch 800 Menschen. Nach Angaben der Lagerschwester veranlaßte der Lagerleiter Stabskapitän Holy gegen entsprechende Honorierung, daß von den Zurückgebliebenen viele zur landwirtschaftlichen Zwangsarbeit eingeteilt wurden. Selbst etwa 60 eben erst entlassene Häftlinge aus den Konzentrationslagern Bory und Třemošna wurden sofort wieder zum Arbeitseinsatz in der Landwirtschaft geschickt (10a). Die in den innerböhmischen Lagern verbliebenen Verschleppten wurden von dort aus als Lagerinsassen zur Arbeit oder wieder außerhalb vorzugsweise in der Landwirtschaft eingesetzt. Damit begann die zweite Phase der Zwangsarbeit, die über die regionalen Sammellager organisiert wurde und einige Jahre andauerte. Für viele der Sudetendeutschen aus dem Landkreis Mies war dieses Lager das Gebietssammellager Stecken (Oblastní sběrné středisco Štoky) in der Iglauer Sprachinsel. Es unterstand der Gebietsverwaltung Pardubitz, die Arbeitseinsätze wurden vom Arbeitsamt in Deutsch-Brod (Německý Brod) koordiniert. Im Sommer 1947 wurde das Lager aufgelöst, die arbeitsfähigen Insassen wurden vom Arbeitsamt in den regionalen Wirtschaftsprozeß eingegliedert, der Rest kam in das Gebietssammellager Lešany in der Nähe Prags. Unabhängig davon, ob sie sich inner- oder außerhalb des Lagers befanden, wurden sie von dort aus geführt. Das Lager Lešany wiederum unterstand dem Innenministerium (11). Im gleichen Jahr erhielten die Deutschen die gleichen Lebensmittelkarten wie die Tschechen, was für die Ernährungslage eine erhebliche Verbesserung bedeutete (12). Die mit der Arbeitspflicht für die Deutschen verbundenen Diskriminierungen wurden am 4.6.1948 durch die Aufhebung der Durchführungsverordnung zum Dekret vom 19.9.1945 abgeschafft, womit das Dekret selbst hinfällig wurde. Franz Rödl aus Mies kommentiert diesen Wandel folgendermaßen: "Waren wir bisher nur die deutschen Schweine, 1948 wurde ich wieder der 'Franto' oder gar 'pan Rödl'." (13) Im folgenden Oktober schließlich wurden die Deutschen gesetzlich auch im Bereich der Renten-, Kranken- und Unfallversicherung der übrigen Bevölkerung gleichgestellt. De jure endete damit der Zustand der Zwangsarbeit für die Deutschen. Die Wirklichkeit erwies sich offenbar nicht so ideal, denn noch 1950 sah sich das Ministerium für Arbeit und soziale Fürsorge veranlaßt, in einem eigenen Rundschreiben darauf hinzuweisen, daß das Dekret von 1945 nicht mehr anzuwenden sei (14).

b) Existenzbedingungen außerhalb der Sammellager
Arbeitsbedingungen

Alle Deutschen, die im Rahmen ihrer Arbeitspflicht verschleppt worden waren, unterlagen grundsätzlich bestimmten Einschränkungen: Sie durften ohne Genehmigung das Grundstück nicht verlassen; zu Einkaufsgängen u. ä. war eine Bescheinigung (potvrzeni) und zum Verlassen des Ortes ein Urlaubsschein (propustka) erforderlich; Zusammenkünfte Deutscher waren verboten; der sonntägliche Kirchgang war zeitweise nicht gestattet; die Post wurde vom Dienstherrn zensiert (15). Allein schon die Einschränkungen der Bewegungsfreiheit charakterisieren die Arbeitspflicht als Zwangsarbeit. Die Rechte und Pflichten für Dienstherrn und Arbeitskraft waren theoretisch in der Durchführungsverordnung des Dekretes zur Arbeitspflicht detailliert festgelegt. Dennoch erfordern die in vielen Erlebnisberichten beschriebenen tatsächlichen Verhältnisse eine Darstellung der alltäglichen Praxis. Bereits die tägliche Arbeitsdauer vieler Deutscher weist darauf hin, daß die Dienstherren oft genug gegen die staatlichen Vorgaben verstießen. Häufig wird der Arbeitsbeginn mit 6 oder 7 Uhr, das Arbeitsende mit 18 oder 19 Uhr angegeben, was einem Arbeitstag von etwa 12 Stunden entspricht. Wenn davon die vorgeschriebene Stunde Mittagsruhe sowie in einigen Fällen Zeit für den Zu- und Abgang weggerechnet werden, dann verbleiben immer noch wenigstens zehn Stunden reine Arbeitszeit, welche die Verordnung maximal zuließ. Das heißt, allein schon jene Dienstherren, welche sich einigermaßen an der zeitlichen Vorgabe orientierten, setzten die deutschen Zwangsarbeiter zeitextensiv ein. Aber selbst diese großzügige Auslegung scheint nicht einmal die Regel gewesen zu sein, da es in vielen Berichten lapidar heißt, sie arbeiteten von "früh morgens bis spät abends" (16). Das konnte im Einzelfall von 3.00 bis 19.30 Uhr (17), aber auch von 5.00 bis 20.00 Uhr (18) dauern. Daneben wird auch von Arbeitstagen berichtet, die erst gegen 23 Uhr endeten (19). In vielen Fällen wurde im Einklang mit den Bestimmungen auch Sonntagsarbeit geleistet. Zusätzlich wurden oft noch Überstunden abverlangt (20). Eindeutig ausbeuterischer Charakter kennzeichnete die Arbeitsverhältnisse im Eisenwerk von Králův Dvůr; von dort berichtet Ernst Deinl aus Kladrau: "Wir arbeiteten 8 Stunden im Akkord, außerdem leisteten wir bis zu 8 Stunden täglich zusätzliche Arbeit (Kohlenladen, Erzverladen usw.)" (21). Noch schlimmer verhielt es sich dort mit der Entlohnung: "Obwohl wir nicht als Internierte galten, wurden uns täglich nur zwei Kronen ausbezahlt. Sonntags- und Feiertagsarbeit wurde uns ebensowenig wie die Überzeitarbeit angerechnet." (22) Immerhin scheint überhaupt etwas ausbezahlt worden sein, denn für viele galt, was die Mieserin Liesl Weps "unbezahlte Sklavenarbeit" (23) nennt. Tatsächlich wurde die Entlohnung sehr willkürlich gehandhabt. Es werden Löhne angegeben in einer Spanne von 60 bis 1040 Kronen. Nun läßt sich daraus keine zuverlässige Feststellung ableiten, da aus den Angaben nicht eindeutig hervorgeht, ob es sich um die Bezahlung pro Person oder um das Familienentgelt handelte bzw. ob immer die gleiche Zeiteinheit zu Grunde lag. Aufschlußreicher sind jedoch die Angaben, ab wann die Arbeit entlohnt wurde. So bekamen manche nur gelegentlich etwas Geld (24), andere erhielten bereits ab Beginn ihrer Zwangsarbeit im Oktober 1945 einen monatlichen Lohn (25), manche dagegen erst ab dem Sommer 1946, obwohl auch sie bereits seit dem Herbst 1945 in der Verschleppung gearbeitet hatten (26). In einem Fall zahlte der Betriebsleiter 1945 gar erst nach Aufforderung. Darüber berichtet Hildegard Heitmanek aus Wscherau: "Der Prokurist wollte und wollte einfach nicht mit der Ausrede, er wüßte nicht wieviel und ob überhaupt bezahlt würde. (...) Zum Schluß sagte ich dann, er solle doch aus seiner Schätzung heraus, was ich in den Tagen geleistet habe, mir etwas zahlen (...)" (27). Sie erhielt schließlich für ihre dreiwöchige Arbeit im Sägewerk Kukleny 100 Kronen. Das Oberlehrerehepaar aus Tschemin war bei dem Kohlenhändler Vesely in Blatna arbeitsverpflichtet. Obwohl beide Eheleute als volle Arbeitskräfte eingesetzt waren, bekam nur der Mann täglich 10 Kronen, angeblich der Lohn, den die Deutschen vordem den Tschechen bezahlt hätten (28). Allein daran läßt sich schon die Willkür im Umgang mit den deutschen Zwangsarbeitern ablesen, so daß es nicht verwundert, wenn die Mehrheit überhaupt entlohnt wurde. Im allgemeinen galt nämlich die geleistete Arbeit mit der Kost und Logie abgegolten, wobei es zwei Varianten gab. Der Dienstherr sorgte selbst für die Verköstigung und beanspruchte zu diesem Zweck auch die den Deutschen zustehenden Lebensmittelmarken. Bargeld wurde dann nicht ausbezahlt (29). Die zweite Variante war, daß sich die Deutschen selbst verpflegten, dann allerdings auch ihre Lebensmittelkarten sowie Bargeld erhielten, um selbst einkaufen zu können (30). Daneben konnte es noch zusätzliche Naturalien wie Kartoffeln oder Milch geben, sofern dies am Hof selbst produziert wurde (31). Eine Kombination beider Formen erlebte Hermann Haala aus Dobraken: "Kochen mußten wir selber. (...) Was wir auf die Lebensmittelkarten für Deutsche bekamen, kauften wir in einem kleinen Geschäft in der Nähe, und die Gutsherrin bezahlte es. Wir hatten ja keinen Lohn (...). Da die Zuteilungen auf den Lebensmittelkarten nicht üppig waren, hat uns der Verwalter im Getreidespeicher einen Sack gutes Mehl hingestellt mit der Bemerkung, wer arbeitet, muß auch essen." (32) Anderen Selbstversorgern ging es offensichtlich nicht so gut. Irmgard Wirkner aus Mies, die zusammen mit ihrer Mutter und ihrem siebenjährigen Kind monatlich 90 Kronen erhielt, resümiert: "So lebten wir eigentlich vom Stehlen, um überleben zu können." (33) Andere schickten ihre Kinder zum Betteln (34). Hieraus kann geschlossen werden, daß die Verschleppten nur einen kargen Gegenwert für ihre Arbeitsleistung erhielten. Die staatlichen Behörden allerdings legten die branchenüblichen Vergütungen bei der Bemessung der Abzüge fest. Auf dieser Grundlage wurden pro bezahlter Arbeitskraft neben Lohnsteuer und Sozialabgaben noch eine 20-prozentige Sondersteuer (35) eingehoben. Weschta berichtet sogar noch von einer 10-prozentigen Abgabe an den örtlichen NV (36). Aus betriebswirtschaftlicher Sicht war es dann nur naheliegend, alle Sachleistungen wie Verpflegung und Unterkunft für alle Familienangehörigen sowie sonstige Aufwendungen für das Arbeitsverhältnis möglichst kostensparend zu gestalten (37). Die überlieferte Praxis, daß nur zu essen bekam, der auch arbeitete, mochte für diese Betrachtungsweise typisch sein (38). Außerdem galt es, aus den Deportierten möglichst viel an Arbeitsleistung herauszuholen, unabhängig vom Alter oder der körperlichen Verfassung. Dazu schreibt Maria Pecher aus Rothaujezd: "Gerti war 11 Jahre alt und mußte schon für eine Person arbeiten. Ingrid war 7 Jahre und mußte sich im Bett aufstellen, ob sie schon arbeiten kann." (39) Da die Zwangsarbeiter nur bis zur Vertreibung 1946 zur Verfügung stehen sollten, konnte deren schnelle Ausbeutung ohne Rücksicht auf die mittelfristigen körperlichen Folgen praktiziert werden. Die ausbeuterischen Verhältnisse wurden vielerorts sichtbar an der gesundheitlichen Fürsorge für die Zwangsarbeitskräfte. Viele der Verschleppten geben an, überhaupt keine ärztliche Versorgung erhalten zu haben. Bezeichnend ist die Aussage eines damals 16-jährigen Mädchens aus Dorf Tuschkau: "Zum Arzt durfte man überhaupt nicht gehen. Einmal hatte ich starke Bauchschmerzen und konnte das Bett nicht verlassen. Ich wurde beschimpft und mußte nach einigen Stunden aufstehen und arbeiten. Wir Deutschen seien hier zum Arbeiten, hieß es." (41) Dies war offensichtlich an vielen Arbeitsplätzen die vorherrschende Anschauung, sonst hätten beispielsweise die Tschernoschiner Mädchen, die am Bahnhof Rokycan eingesetzt waren, nicht trotz Verbrühungen der Hände weiterarbeiten müssen (42). Ein anderes Mädchen berichtet über ihren Arbeitsunfall beim Holzfällen: "Einmal fiel mir ein etwa 30 cm starker Baum auf meinen Fuß, den ich wegen der Schwere nicht auf den Wagen brachte. Der Fuß ist sofort angeschwollen, und ich mußte mit Schmerzen weiterarbeiten." (43) Ebenso wurde im Eisenwerk Králův Dvůr bewußt Raubbau an der Gesundheit der Deutschen betrieben. Entweder erlaubte der Lagerführer keinen Arztbesuch oder er verweigerte die Anerkennung der ärztlichen Arbeitsunfähigkeitsbescheinigung (44). Vielfach bestand kein Interesse an der Wiederherstellung der Arbeitsfähigkeit, da sich der tschechische Dienstherr der Kranken oder Verletzten problemlos entledigen konnte, indem er sie zurückschickte (45). In Čáslau löste ein Dienstherr das Problem einer arbeitsunfähigen 70-jährigen Frau dadurch, indem er sie zu Tode trampelte. Offensichtlich wollte er wegen einer kranken Person nicht deren ganze Familie wegschicken und damit seine billigen Arbeitskräfte verlieren (46). Wenn dies auch nur ein Einzelfall gewesen sein sollte, so illustriert er doch, welcher Wert den deutschen Verschleppten beigemessen wurde. Es wurde nicht einmal dafür Sorge getragen, daß sie der Jahreszeit und den Arbeitsverhältnissen entsprechende Kleidung tragen konnten, wie die oben zitierte 16-jährige schildert: "Als Mitte Oktober und den ganzen November die Kälte begann, es war am böhmisch-mährischen Höhenzug, wurden wir alle krank und mußten trotzdem arbeiten. Im Sommer mußte man barfuß gehen, auch auf steinigem Boden und Getreidestoppeln. An den Fersen bekam ich Risse, die nie mehr verheilen und oft schmerzen. (...) Mein Vater zog sich einen schweren Bronchialkatarrh zu, an welchem er sein ganzes späteres Leben litt." (47) Darüber hinaus war die Verpflegung häufig unzulänglich, ebenso waren viele den Mißhandlungen des Dienstherren ausgesetzt (48). Ein 68-jähriger Mann beispielsweise, der unmittelbar nach der Zwangsarbeit vertrieben wurde, "kam vom Bahnhof Augsburg direkt ins Krankenhaus, da er durch Prügeln Nierenblutungen hatte. Er kam öfter deshalb ins Krankenhaus und wurde (...) nimmer gesund." (49) Mit Sicherheit gab bzw. gibt es noch eine Vielzahl solcher Fälle, die nie in einer Statistik erfaßt wurden (50). Selbst wenn es einem Deutschen gelang, einen Arzt zu erreichen, war dessen Hilfe noch nicht gewiß. So entzog sich in Jenikow ein Arzt seiner Pflicht mit dem Argument, ärztliche Hilfe für Deutsche sei verboten (51). Mit der gleichen Begründung verweigerte das Krankenhaus in Prag-Bulovka die Behandlung eines Kleinkindes, das daraufhin verstarb (52). In Blatna ließ ein Zahnarzt eine deutsche Patientin zwar im Behandlungsstuhl Platz nehmen, forderte sie aber nach einer Weile unbehandelt wieder zum Aufstehen auf, da man den

Tschechen in den deutschen KZs auch keine Zähne plombiert hätte (53). Anna Woller aus Schlowitz wurde am 26. Februar 1946 in ein Prager Krankenhaus eingeliefert, wo sie eine furchtbare Zeit überstehen mußte: "Auf der Typhus-Station lagen damals in einem großen Saal 111 deutsche Frauen. Hier gab es sehr wenig zu essen, und wir hatten Hunger wie die Wölfe. Der Krankenhauspfarrer brachte uns immer wieder einige Schnitten Brot, die er irgendwo für uns erbettelt hatte, und auch unser Gutsverwalter und der Gärtner kamen einmal und brachten etwas zu essen mit. Während der 16 Wochen, die ich im Krankenhaus war, haben von 111 Frauen nur 9 überlebt (...). Ich habe gesehen, wie die toten Frauen aus dem Fenster im 1. Stock auf unten stehende Lastwagen geworfen wurden. Am Anfang hat es immer gebumst, später dann nicht mehr. (...) Ein Arzt sagte mir: "Wir hätten vielen helfen können, aber wir haben keine Medikamente." (54) Angesichts der Bedenkenlosigkeit, mit der die Gesundheit der Sudetendeutschen strapaziert wurde, kann mit Berechtigung festgestellt werden, daß die Zwangsarbeiter im Bewußtsein vieler tschechischer Dienstherrn und öffentlicher Einrichtungen nur gegenständlichen Wert hatten. Unterstrichen wird das durch die Tatsache, daß es eben doch genug andere Beispiele gab, wo für eine ärztliche Betreuung gesorgt war, wenn auch meist nur in ernsten Fällen. Ebensowenig existierte ein Behandlungsverbot für Deutsche. Es gab durchaus Ärzte, die Deutsche nicht nur behandelten, sondern auch am Krankenlager aufsuchten (55). In den Berichten werden sogar Krankenhäuser erwähnt, wo Deutsche eine aufmerksame Pflege erhielten (56). Dennoch bleibt festzuhalten, daß die deutschen Verschleppten unter Bedingungen arbeiten mußten, die sie zu Ausbeutungsobjekten degradierten.

Unterbringung und Verpflegung

Der Wert, der den Deutschen beigemessen wurde, drückte sich bereits in der Unterbringung aus. In vielen Fällen standen auf den großen Meierhöfen die Quartiere der vorherigen tschechischen Landarbeiter zur Verfügung, die nun von den Deutschen bezogen werden konnten (57). Auf den Bauernhöfen fand sich meist ohnehin eine unbenutzte Stube für die Zwangsarbeiter, oft wenigstens mit Betten ausgestattet und heizbar (58). Doch war dies nicht die Regel. In den Berichten werden bei den Bauern beispielsweise folgende Unterkünfte genannt: Keller, Turbinenkammer, fensterloser Raum, Pferdestall und Futterkammer. Was den Deutschen zugemutet wurde, beschreibt Maria Hüttner aus Mies: "Am 23. Oktober 1945 wurde uns über einer halb verfallenen Treppe über dem Schweinestall (man konnte die Schweine durch die Fußbodenbretter sehen, natürlich auch hören und riechen) ein leerer, niedriger Raum (wo Erwachsene nicht aufrecht stehen konnten) und einem ganz kleinen Fenster zugewiesen. Als einziges Mobiliar befand sich ein kleiner Kanonenofen darin, der wegen des nassen Holzes (...) ständig qualmte, so daß man kaum etwas sehen konnte, denn Licht gab es in dem Raum auch nicht. Wir (...) schliefen auf Stroh, saßen auf unseren Koffern." (59) Nicht einmal auf Schwangere wurde Rücksicht genommen, so daß Frau Weschta aus Mies in einem Stall und eine Frau aus Stadt Tuschkau in einer Waschküche niederkommen mußten (60). Aber selbst auf den großen Gütern war es nicht besser, wie der Familienvater Johann Kral aus Hniemitz zu berichten weiß: "Obwohl dort in diesem Gutshof so viel leere Wohnungen waren, hat man uns 3 Familien in eine einzige Stube, cirka 20 - 25 qm, hineingesteckt. Bettstellen waren nicht vorhanden, auch kein Stroh, und so hatten wir uns auf den Fußboden gelegt, ob Kinder oder Erwachsene. (...) Für die kleinen Kinder wurde ein Kissen aus dem Sack gezogen, um sie vor Kälte zu schützen. Hier verbrachten wir jammervolle Nächte (...). Die Flöhe und Läuse waren dort die Landplage, und wir wußten uns nimmer zu helfen. Es war ja nicht einmal warmes Wasser zum Waschen da, wie sollte dies auch anders sein! Den Frauen und Kindern haben wir die Haare abgeschnitten, um der Ungezieferplage ein Ende zu machen." (61) Diese plastische Schilderung nennt exemplarisch die häufig beklagten Mängel: die Wohnquartiere waren überbelegt, es fehlte an ordentlichen Schlafstellen oder der nötigen Zahl von Bettstätten, und die Waschgelegenheiten schützten weder die Intimsphäre, noch erlaubten sie überhaupt eine ausreichende Hygiene. Da gerade in der Landwirtschaft die Arbeit oft schmutzig war, beklagt eine Verschleppte, daß sie nur eine sehr schlechte Waschmöglichkeit hatten. "Nur in einer alten kleinen Blechwanne (zum Baden unmöglich) konnten wir uns notdürftig im Stall waschen. Seife gab es wenig und ganz schlechte. Zahnpasta überhaupt nicht, so daß der größte Teil meiner Zähne kaputtging vor dem 20. Lebensjahr." (62)

Ein weiterer Bereich von existenzieller Bedeutung war die Verpflegungslage der Arbeitspflichtigen. In den Quellen wird die Ernährung sowohl von der Menge als auch von der Qualität her sehr unterschiedlich bewertet; die Urteile reichen von "gut" über "normal" bis "sehr schlecht" und "zu wenig". Da gerade beim Essen die Geschmäcker und auch der Mengenbedarf sehr unterschiedlich sein können, sind diese Qualifizierungen allein nicht unbedingt aussagekräftig, wenn auch die negativen Bewertungen überwiegen. Zahlreiche

Beschreibungen erlauben allerdings eine Objektivierung. So wird vielfach erwähnt, daß das Essen fleisch- und fettlos gewesen sei (63), stattdessen scheinen Kartoffeln häufig Hauptnahrungsquelle gewesen zu sein (64); nicht einmal Brot stand immer zur Verfügung (65). Auch an Salz scheint es gefehlt zu haben (66). In einem Fall bestand das Essen ausschließlich aus Graupen, die neun Monate lang ohne jede Salzbeigabe vorgesetzt wurden (67), in anderen Fällen mußten sich die deutschen Zwangsarbeiter mit dem in der Landwirtschaft gebräuchlichen Viehsalz behelfen (68). "Der rote Salzleckstein der Rinder war unsere Suppenwürze, weil es kein Salz zu kaufen gab für uns Deutsche," so Gisela Mueller aus Mies (69). Manche bekamen tatsächlich "so wenig zu essen, daß wir vom Schweinefutter Kartoffeln und Gemüse abzweigen mußten" (70), oder "wir halfen uns mit Karotten aus, die wir tagsüber in einer Scheune putzen mußten" (71). Andererseits kam es auch vor, daß die Deutschen ihre Mahlzeiten am Tisch ihres Dienstherrn einnahmen (72). Obwohl davon ausgegangen werden kann, daß die unterschiedlichsten Verhältnisse existierten, erlauben die vorliegenden Daten doch eine gewisse Klassifizierung. So läßt sich beobachten, daß in größeren Betrieben, wo die verschleppten Familien teilweise lagermäßig untergebracht waren, die Verpflegung ausnahmslos als schlecht und zu knapp bezeichnet wird. Dabei war es gleichgültig, ob es sich um einen Industriebetrieb oder um einen Gutshof handelte. Die einzige Ausnahme bildete der Meierhof in Lnáře im Bezirk Blatna, der vom Besitzer selbst bewirtschaftet wurde (73). Die Zwangsarbeiter, die bei Bauern eingesetzt waren, berichten dagegen sowohl von schlechten als auch von guten Verköstigungen. Dies legt die Vermutung nahe, daß bei größeren Betrieben die Anonymität zwischen den Deutschen und der Betriebsleitung eine angemessene Verpflegung beeinträchtigte. Dies mag ein Grund sein für die unterschiedliche Ernährungssituation. Doch die insgesamt mangelhafte Ernährungslage der deutschen Zwangsarbeiter beruhte letztlich auf dem oben dargestellten ausbeuterischen Charakter der Arbeitspflicht. Erstens wurde der Wert der geleisteten Arbeit ohnehin nur niedrig bemessen, so daß die knappe Vergütung kaum für eine mehrköpfige Familie reichte, wenn sich darunter arbeitsunfähige Personen befanden, was sehr oft der Fall war. Zudem erfolgte die Vergütung entweder ausschließlich in Naturalien (74) oder in selteneren Fällen in Bargeld einschließlich bestimmter Mengen Milch, Kartoffeln oder Mehl (75). Im Falle der Naturalien waren diese auf das begrenzt, was der Hof gerade produzierte, an anderen Nahrungsmitteln erhielten sie "nur die sogenannte Deutschenkarte, kein Fleisch, kein Ei, keine Milch, kein Gemüse" (76).

Der Umgang mit den Verschleppten

Der menschliche Umgang der tschechischen Dienstherrn mit ihren sudetendeutschen Zwangsarbeitern entsprach der Erfahrung, den die tschechische Bevölkerung Innerböhmens mit Deutschen bislang gemacht hatte. Abgesehen von den machtpolitischen Zwängen, denen das tschechische Volk durch das Deutsche Reich in seiner Gesamtheit ausgesetzt gewesen war, hatten die einzelnen Tschechen Innerböhmens persönlich entweder deutsche Vertreter der Protektoratsmacht oder überhaupt keine Deutschen erlebt. Im ersten Falle war diese Erfahrung oft genug negativ, im zweiten Fall bestand kein Grund, dem negativen Urteil anderer unbedingt zu mißtrauen. Insofern ist es nicht erstaunlich, daß in vielen Erlebnisberichten über eine schlechte oder gar brutale Behandlung geklagt wird, eben "entsprechend den damaligen Verhältnissen", wie Margarete Dobner aus Schweißing lapidar feststellt (77). Diese Verhältnisse - eine deutschfeindliche Atmosphäre - spiegeln sich wohl am besten wieder im (unreflektierten) Verhalten tschechischer Kinder und Halbwüchsiger. Immer wieder wird erwähnt, daß solche die deutschen Kinder anspuckten oder mit Steinen bewarfen (78). Die damals 14-jährige Maria Hüttner aus Mies beschreibt eine typische Szene: "Zum Einkaufen mußten meine Schwester und ich immer nach Neustupov - einmal in der Woche durften wir gehen, die Eltern mußten immer arbeiten. Am Ortsrand von Neustupov wurden wir jedesmal von den halbwüchsigen Schulkindern aufgelauert, die uns immer mit Steinen bewarfen, ausspuckten und uns nachrannten. Wir konnten uns natürlich überhaupt nicht wehren und fürchteten jedesmal den 'Einkaufstag'." (79) Auch erwachsene Deutsche wurden mit Steinen beworfen (80), ein Junge ging sogar mit einem Beil auf eine deutsche Arbeiterin los (81). Dieses haßerfüllte Auftreten gegen die Deutschen ist mit Sicherheit nicht ausschließlich der Ausfluß eigener Negativerlebnisse mit Deutschen, sondern auch Ergebnis der unreflektierten antideutschen Parolen. Diese wurden nicht nur von interessierten politischen Kreisen ausgestreut, sondern selbst die katholische Kirche wirkte daran mit. So hetzte ein tschechischer Bischof am "Heiligen Berg" bei Příbram in seiner Predigt zum Palmsonntag 1946 so vehement gegen die Deutschen, daß es anschließend zu Gewalttätigkeiten gegen die anwesenden deutschen Gläubigen kam, die in großer Zahl in diese Gegend verschleppt worden waren (82).

Im Gegensatz zu den Jungen zeigten allerdings die Erwachsenen ein sehr differenziertes Verhalten (83), wie eine Vielzahl persönlicher Erlebnisse eindrucksvoll belegt. Die Urteile über die Behandlung während des Zwangsarbeitseinsatzes reichen von "brutal", "unmenschlich" und "schikanös" über "korrekt" bis hin zu "ordentlich und "sehr gut". Nun erlaubt die Zahl der vorliegenden Erlebnisberichte nicht unbedingt eine repräsentative Aussage, ferner sind die enthaltenen Qualifizierungen keine objektivierten mathematischen Meßwerte, zumal es auch von den bisherigen Lebensumständen abhing, was als unzumutbare Härte oder Schikane empfunden wurde. Trotzdem verdient es festgehalten zu werden, daß nur etwa zwei Fünftel der erfaßten Berichterstatter von einer unmenschlichen Behandlung sprechen, die auch unter den damaligen Zeitumständen als negativ charakterisiert werden muß.

So berichten viele von Schlägen und Mißhandlungen beim geringsten Anlaß, wobei Frauen und Halbwüchsige ebenso Prügel bekamen wie Männer (84). Es wurde bereits erwähnt, daß dabei auch das Leben nicht geschont wurde. Zu dem 68-jährigen Karl Plaschka aus Mies äußerte sein Bauer: "Wart, Karlíčku, du wirst verrecken (Zcípnout), aber langsam, nicht schnell!" (86) Dieser Dienstherr bewarf Plaschka mit Steinen, wenn die Pferde am Feld nicht in gerader Reihe gingen. Sonntags mußte Plaschka die Pferde striegeln, bis seine Hände einen Krampf bekamen, im Winter mußte er in der Scheune Holz hacken, wobei die Tore hinten und vorne absichtlich geöffnet wurden, damit der kalte Winterwind durchpfiff. Dazu bekam er täglich Schläge (87). Von einem anderen Bauern heißt es: "Seine Schikanen waren vielseitig, und immer ließ er sich etwas anderes einfallen. So machte er öfters die Ochsen oder Rinder los und Vater mußte sie wieder einfangen, und dies meist nachts." (88). Neben solchen direkten Attacken waren noch alltägliche Einschränkungen und Diskriminierungen seitens der übrigen tschechischen Bevölkerung zu ertragen. "Die Tschechen haben uns anfangs bespuckt und mit Steinen beworfen" (89), heißt es nicht nur einmal. Johann Harzer aus Dorf Tuschkau erlebte, wie sie "des Nachts in unsere Wohnung eingeschlossen, die Wäscheleine zerschnitten, mit germanische Hure, Schweine u.s.w. beschimpft" (90) wurden. In einem Bericht wird sogar geschildert, wie die örtliche tschechische Bevölkerung den deutschen Zwangsarbeitern zu Weihnachten die milden Gaben der Bauern abnahm (91). Zudem war es verboten, mit den Deutschen in ihrer Muttersprache zu reden (92). Angesichts solcher Umstände ist es nicht erstaunlich, wenn eine Mieserin diese Monate folgendermaßen zusammenfaßt: "Beschimpft, angetrieben zur Arbeit bis zur völligen Erschöpfung und Verzweiflung" (93). Manche entzogen sich durch ihren Selbstmord dieser trostlosen Situation (94).

Die Mehrheit der Verschleppten jedoch anerkennt unter den Umständen jener Zeit einen noch erträglichen Umgang mit ihnen, ein Fünftel bewertet die Behandlung gar als ausgesprochen menschlich. So stellt Gisela Mueller hinsichtlich des Verwalters des Gutshofes Vojkov fest: "Wir achteten ihn, weil er menschlich mit uns umging." (95). In einem anderen Bericht heißt es über die Dienstherren kurz und bündig: "Es waren gute Leute." (96) Hierbei mochte eine Rolle spielen, daß der Zeitablauf, d.h. das persönliche Erleben und der tägliche Umgang mit den Deutschen eine Einstellungsänderung bewirkten, und so "haben auch manche erkannt, daß wir nicht die bösen Deutschen waren, wie sie es stets gehört hatten" (97). Eine damals junge Frau aus Nürschan stellt dazu fest, "bald schon mußten die Einheimischen erkennen, daß wir alle fleißig anpackten, und so wurden wir auch nicht mehr beschimpft und bespuckt" (98). Obwohl angeblich ein Verbot existierte, mit den Zwangsarbeitern Kontakt aufzunehmen (99), war es häufige Praxis, daß gerade in Fabriksbetrieben die tschechischen Arbeiter ihre Brotzeit mit den deutschen "Kollegen" teilten oder ihnen in einer anderen Weise menschlich entgegenkamen (100). Das Erlebnis von Anni Woller erinnert nahezu an eine ländliche Idylle: "An den Winterabenden sind wir von den tschechischen Frauen, die auch auf dem Gutshof gearbeitet haben, zum Federnschleißen in ihre Häuser eingeladen worden. Wenn dann um 10 Uhr abends Schluß war, gab es immer Kaffee und Kuchen." (101) Gerade die deutschen Kinder, die tagsüber meist sich selbst überlassen waren, erlebten das Mitgefühl tschechischer Frauen in Form von etwas Eßbarem (102). So viele auch solche Lichtblicke menschlicher Solidarität erlebt haben mögen, so ist doch nicht zu verkennen, daß dies nicht die Regel war, da es auf Seiten der Tschechen eine Portion Zivilcourage erforderte, sich dem deutschfeindlichen Zeitgeist zu widersetzen. Hier spielten sicherlich verschiedene Motive mit. Maria Pecher aus Rothaujezd berichtet: "Ein Tscheche brachte uns heimlich Eier. Er sagte, er war in Deutschland, und da ging es ihm auch gut." (103). Vergleichbares erlebte Hermann Haala aus Dobraken: "Bei einem Gespräch, das ich mit dem Verwalter hatte, sagte er mir auch, warum er nichts gegen die Deutschen hat. Er war im 1. Weltkrieg schwerverwundet im Lazarett und ist dort genauso gut wie die Deutschen behandelt worden. Die Besetzer der deutschen Höfe wären ja nur lauter Haderlumpen." (104) Haala meint, die älteren

Tschechen wären gegen die Vertreibung gewesen (105). Offensichtlich gab es gerade unter der Bauernschaft, deren Verwurzelung mit dem eigenen Boden bekannt ist, ein Empfinden für das Schicksal ihrer deutschen Standesgenossen, die sie den ganzen Vertreibungsablauf kritisch betrachten ließ. So erklärt sich vielleicht das Benehmen eines anderen Bauern, der seinem Zwangsarbeiter buchstäblich mit dem Respekt eines Gastgebers gegenübertrat und beim Abschied äußerte, "in einem Jahr wäre es bei ihm auch so weit, daß er seinen Hof verlassen müßte" (106). Doch auch in Arbeiterkreisen gab es Stimmen, die ablehnten, was mit den Deutschen geschah (107). Allerdings fehlte meistens der Mut, dies öffentlich zu vertreten. Die Zeichen mitmenschlicher Solidarität spielten sich oft genug in der Heimlichkeit ab; sie wurden zwar von den Sudetendeutschen dankbar vermerkt, blieben aber der Öffentlichkeit verborgen (108). Eine Ausnahme schildert Anni Weiser aus Blattnitz, die in Begleitung des tschechischen Hofknechtes die Hl. Messe besuchte und dort Mißhandlungen von Deutschen erlebte: "Als ich unserem Knecht antworte, daß sie Hans jetzt schlagen werden, sagte Bedrich: 'Das taten bloß die Deutschen, die Tschechen machen so etwas nicht.' (...) Jedenfalls warteten wir auf Hans, und als er endlich kam, war er übel zugerichtet und im ganzen Gesicht zerschlagen. (...) Der Bedřich wollte es nicht glauben, aber er mußte es schließlich auch mit ansehen, und am nächsten Tag gab er sein Mitgliedsbuch der Kommunistischen Partei zurück." (109) Wohl zu wenige besaßen die moralische Kraft des Knechtes Bedřich aus Dubno, die selbst manchen tschechischen Priester hätte beschämen müssen. So äußerte sich ein tschechischer Dorfgeistlicher einem Deutschen gegenüber: "Nehmen Sie doch Ihr Schicksal nicht so tragisch, hätten die Deutschen gesiegt, vielleicht wäre es uns Tschechen so gegangen. So haben wir gesiegt, so müßt ihr es eben tragen." (110) Überhaupt erlebten die sudetendeutschen Verschleppten den böhmischen Katholizismus nur bedingt als die "eine" katholische Kirche. Häufig präsentierte sie sich vielmehr als Nationalkirche, wo deutsche Gläubige nur im Stehen am Gottesdienst teilnehmen durften (111) und die Bestattung der deutschen Toten innerhalb des Friedhofes verweigert wurde (112). Ein besonders unchristliches Verhalten zeigte der Pfarrer von Kojeditz bei Prag. "Dieser erlaubte anfangs nicht, daß die Deutschen die Kirche betreten und später bewilligte er, daß Sonntag nachmittag eine Andacht besucht wird, jedoch nicht, daß ein Deutscher das Sakrament erhält. Auch sonst hat er jedwede Unterstützung für die Deutschen abgelehnt." (113)

Es muß nicht eigens betont werden, daß die Beurteilung des Umganges mit den deutschen Verschleppten nach den Kriterien menschlich/unmenschlich nur eine relative Gültigkeit haben kann. Dennoch zeigt sich, daß eine menschenverachtende Behandlung der Deutschen seitens der Tschechen selbst 1945 keine zwangsläufige Naturgesetzlichkeit war. Über diese generelle Feststellung hinaus bestätigen die vorliegenden Daten eine Beobachtung, die bereits bei der Verpflegungssituation getroffen wurde: Je größer der Betrieb war, umso schlimmer erging es den verschleppten Sudetendeutschen. Alle auf Gutshöfen eingesetzten Deutschen klagen über eine schlechte Behandlung, wogegen die auf Bauernhöfen Beschäftigten nahezu die ganze Breite menschlicher Verhaltensweisen erlebten. Beinahe selbstverständlich ist die Beobachtung, daß eine erträgliche Unterbringung sowie ausreichende Kost dort gewährleistet waren, wo der Umgang mit den Deutschen von Korrektheit geprägt war.

c) Existenzbedingungen innerhalb der Sammellager
Vorbemerkung

Die zweite Phase der Zwangsarbeit, die durch die Zuordnung zu einem Lager unter öffentlicher Regie gekennzeichnet ist, darf nicht nur als eigener Zeitabschnitt verstanden werden, sondern auch als besondere Form sudetendeutscher Existenz. Bis zum Beginn der organisierten Vertreibungsaktion dürften die meisten der aus dem Kreis Mies Verschleppten ihre Arbeitseinsätze an Orten außerhalb der Lager abgeleistet haben. Ab dem Frühjahr 1946 begann schließlich ihre Konzentration in Sammellagern, wo sie vielfach noch weitere Monate bis zu ihrer persönlichen Vertreibung zubringen mußten. Insofern haben viele, die nicht über ihren Heimatkreis Mies vertrieben wurden, im Zeitraum Frühjahr bis Sommer oder Herbst 1946 die Zwangsarbeit als Lagerinsassen erlebt. Allerdings war hier die Variation der Einzelschicksale sehr groß, so daß dies mit Sicherheit nur auf einen nicht bezifferbaren Teil zutraf. Wer allerdings als Deportierter nach Abschluß der Vertreibungsaktion noch im Lande verblieben war, unterstand weiterhin der Arbeitspflicht und wurde verwaltungsmäßig von einem der vielen Sammellager geführt. Dennoch gab es auch dann viele Arbeitskommandos mit Sitz außerhalb des Lagers.

Die Lager entstanden alle im Gefolge der Wiedererrichtung der tschechoslowakischen staatlichen Herrschaft und dienten ursprünglich als Konzentrationslager (Koncentrační tábor) im Sinne des Wortes (114). Doch oft war der Lageralltag bis weit in das Jahr 1945 hinein von Massengrausamkeiten geprägt (115). Im Laufe der Zeit entwickelte sich daraus jedoch ein Lagersystem, wobei einzelne Lager bestimmte Funktionen zugewiesen erhielten, andere wiederum im Verlauf der Vertreibung aufgelöst wurden, da sie als Aussiedlungslager nicht mehr gebraucht wurden. Pokorny unterscheidet drei Arten: Internierungslager für jene Personen, die einem Strafverfahren entgegensahen, Sammellager für Personen, denen die Staatsbürgerschaft entzogen worden war, und Arbeitslager für arbeitspflichtige Personen (116). Dies ist allerdings eine sehr formale Einteilung, denn auf Grund der erst allmählich stattfindenen Ausdifferenzierung des Lagersystems befanden sich besonders in den Lagern Innerböhmens die verschiedensten Kategorien von Internierten. Neben den Verschleppten aus allen Teilen des Sudetenlandes waren dort auch deutsche Kriegsgefangene, schlesische Flüchtlinge, Evakuierte aus dem Reich und gelegentlich auch politische Häftlinge zu finden (117). Insofern erlauben die damaligen Lagerrealitäten trotz des Vorhandenseins unterschiedlicher Lagerbezeichnungen keine verbindliche Typisierung. Nach den Berichten zu schließen, schienen sich jedoch die Insassen der Sammellager nach dem Abschluß der Vertreibung zunehmend auf die verschleppten Sudetendeutschen reduziert zu haben. Diese Sammellager (Shromaždòvací středisko) bestanden wenigstens bis Ende der 40er Jahre für die deutschen Zwangsarbeiter und bildeten somit einen wesentlichen Rahmen für deren Existenz. Um einen Eindruck des Lagersystems und seiner zunehmenden Ausdifferenzierung zu erhalten, werden jene Lager, die für die Deportierten des Kreises Mies eine Bedeutung hatten, ausführlicher dargestellt.

Lager unterschiedlichen Charakters

Es ist fraglich, ob alle diese Lager in der deutschen Literatur irgendwo vollständig erfaßt sind. Es gab zu viele davon, kleinere und größere, manche nur mit kürzerer Existenzdauer (118), andere hielten sich lange über die Umsturzzeit hinaus und wurden zum Synonym für menschliches Leiden und Sterben. Ein typisches Beispiel dafür ist das Gefängnis in Ruzyně, das seit dem Prager Aufstand offenbar von tschechischen Partisanen dazu benutzt wurde, um deutsche Wehrmachtsangehörige festzusetzen. Die Bewacher waren zu diesem Zeitpunkt bewaffnete Zivilisten mit roten Armbinden (119). Die Verpflegung bestand aus "40g Brot, 1/4 l Suppe, Sauerkraut und Kaffee" (120). Noch 1946, als das Gefängnis mit Verschleppten aus der Wiesengrunder Gegend, anderen Sudetendeutschen und Reichsdeutschen belegt war und von der Revolutionsgarde bewacht wurde, war das Essen nicht besser geworden. Karl Hofmann aus Wiesengrund schreibt: "Die Verpflegung bestand hauptsächlich aus Krautsuppe und Kartoffeln, abends gab es dreckiges Wasser als 'Suppe'. Daß wir dauernd Hunger hatten, ist selbstverständlich, und als wir aus dieser Hölle fortkamen, sahen wir aus wie wandelnde Gerippe." (121) Angesichts dieser Ernährung war es nahezu unvermeidlich, daß die Ruhr ausbrach, so daß viele starben. Eine ärztliche Versorgung gab es ohnehin nicht; die Toten wurden in einer Sandgrube verscharrt (122). Die Arbeitsfähigen arbeiteten in der Landwirtschaft, im Gefängnis selbst oder mußten "wochenlang in Magazinen die den Deutschen geraubten Sachen sortieren, kaum jemand hat eine Ahnung davon, was sich da alles vorfand, die herrlichsten Teppiche, feinste Wäsche, Kleider, Porzellan etc." (123). Mißhandlungen waren an der Tagesordnung. Mindestens 1947 bestand das ehemalige Gefängnis noch als Sammellager, wo die eingesperrten Deutschen ohne Rücksicht auf ihren Gesundheitszustand arbeiten mußten (124).

Dagegen wurde das Lager Bystřice in der Nähe von Votice, welches als Internierungsort von Prager Deutschen entstanden war, am 24. April 1946 aussiedlungsbedingt aufgelöst. Auch dorthin verschlug es einige Mieser. Es verfügte immerhin über eine Krankenstation, doch ansonsten waren die Verhältnisse katastrophal (125): "Ratten, Läuse, Flöhe, Wanzen. Täglich eine Scheibe trockenes Brot, früh etwas schwarzen Malzkaffee. Wir Kinder aßen das Gras von der Wiese, die tschechischen Soldaten ließen uns gewähren." (126)

Der Deportationszug aus Nürschan endete im Internierungslager Kolin, wo sich auch Wehrmachtssoldaten befanden. Daneben landeten hier auch Einwohner aus Stadt Tuschkau und Kosolup. Die meisten wurden an Bauern als Arbeitskräfte verteilt, doch manche arbeiteten als Lagerinsassen auch in der Zuckerfabrik oder im Steinbruch (127). In dieses Lager, das im Sommer 1945 etwa 700 Personen umfaßte (128), waren offenbar hauptsächlich Männer aus anderen sudetendeutschen Kreisen deportiert worden (129), die das ausgebombte chemische Werk aufräumen sollten (130). In allen Berichten wird von unmenschlichen Verhältnissen und schweren Mißhandlungen gesprochen. Bezeichnend sind die Beobachtungen von Ludwig Klein aus dem Mieser Nachbarkreis Tepl: "Wie oft sah ich, daß junge Menschen, vom Hunger getrieben, aus den Abfalltonnen Kartoffelschalen heraussuchten und gierig verschlangen. Es gab abwechselnd Kartoffeln, Erdäpfel und Brambory. Die Folge waren viele Erkrankungen mit Durchfall, so daß die Latrine unter ständiger Belagerung stand. Es gab zahlreiche Sterbefälle und Selbstmorde. Ein sadistisch veranlagter Kommandant, stets mit einer Hundepeitsche und Revolver bewaffnet, ersann immer wieder neue Quälereien." (131) Bis zum Sommer 1946 war die Belegung des Lagers sehr stark zurückgegangen (132), doch am 13. Juli wurden die Baracken erneut mit Familien aus dem Nürschaner Gebiet gefüllt, die dort bis zum Oktober verblieben (133).

Sammellager im Sinne der offiziellen Bezeichnung (Stecken und Prosečnice/Lešany)

Für zahlreiche Deportierte aus dem Kreis Mies, die in die Časlauer Gegend verschleppt worden waren, wurde das Gebietssammellager Stecken (Oblastní sběrné středisco) (134) in der Iglauer Sprachinsel zu einer Zwischenstation vor ihrer Vertreibung. Es handelte sich dabei um ein ehemaliges RAD-Lager (135), das insofern verhältnismäßig zweckmäßig strukturiert war (136), wenngleich es mit einigen hundert Insassen entschieden überbelegt war (137). In dieses Lager wurden Personen geschickt, die während ihres Zwangsarbeitseinsatzes arbeitsunfähig geworden waren (138), die meisten wurden dort jedoch nach ihrem Einsatz zur Aussiedlung zusammengefaßt. Insofern diente das Lager Stecken 1946 bis in den November hinein gleichzeitig als Aussiedlungslager (139). Für viele bedeutete aber die Überstellung in das Lager Stecken nicht notwendigerweise das Ende der Zwangsarbeit. So kam es am 18. Juni 1946 zu einer erneuten Zwangsrekrutierung, indem die Bauern aus der Umgebung während eines Lagerappells Gelegenheit erhielten, sich nach Belieben Arbeitssklaven auszuwählen. "Hinweise auf Krankheiten oder Gebrechen wurden mit Stößen oder Beschimpfungen unflätigster Art beantwortet. (...) Schriftliche Arbeitsunfähigkeitserklärungen tschechischer Ärzte wurden einfach zerrissen." (140) Hunderte der Lagerinsassen mußten auf diese Art wieder in den landwirtschaftlichen Einsatz, obwohl manche erst wenige Tage davor von ihrem monatelangen Zwangsarbeitsverhältnis ins Lager entlassen worden waren (141). Doch selbst die im Lager Verbliebenen waren der Arbeitspflicht weiterhin unterworfen. Diese waren tagsüber entweder in landwirtschaftlichen Außenkommandos tätig, oder sie wurden neben längerfristigen Einsätzen bei Bauern auch zu Einsätzen in Steinbrüchen und Industriebetrieben verschickt (142). Auf den familiären Zusammenhalt wurde dabei keine Rücksicht genommen (143). Die Arbeitsunfähigen mußten in der kalten Jahreszeit im Wald Reisig holen, mit dem die Barackenöfen geheizt wurden (145). Trotz der körperlichen Beanspruchung war die Lagerverpflegung unzureichend und eintönig (146). "Täglich gab es Kartoffelsuppe, früh gab es ein Gesöff, und ein Stück Brot mußte für den ganzen Tag reichen", berichtet Irmgard Wirkner aus Mies (147). Ebenso unzulänglich war die medizinische Betreuung, die bis 1946 von dem Medizin-Studenten Exner ausgeübt wurde. Allerdings stand ihm kaum mehr als ein Fieberthermometer, Kamillentee und einige Tabletten aus Wehrmachtsbeständen zur Verfügung (148). Immerhin konnten schwerer erkrankte Lagerinsassen in das Iglauer Krankenhaus gebracht werden, wo tschechische Klosterschwestern arbeiteten (149). Trotz dieser miserablen Verhältnisse in dem stacheldrahtumzäunten und bewachten Barackenkomplex mußten die deutschen Zwangsarbeiter von ihrem Lohn für Kost und Logis ihrer Familie aufkommen (150). Nachdem das Lager Stecken noch Monate nach Abschluß der Aussiedlungstransporte Bestand hatte, verdient die Lagerschule für die deutschen Kinder Erwähnung. Ein alter Oberlehrer versuchte unter den notdürftigsten Umständen, die Kinder zu unterrichten. Obwohl die Lagerverwaltung dem Vorhaben zugestimmt hatte, stellte sie weder Papier noch Bleistifte zur Verfügung (151). Das Gebietssammellager Stecken wurde schließlich im Juni 1947 aufgelöst, und die verbliebenen arbeitsunfähigen Deutschen in das Lager Prosečnice verlegt (152).

Das Sammmellager Prosečnice (später Lešany) war bereits 1946 ebenso wie Stecken für viele Deportierte aus dem Kreis Mies eine Durchgangsstation auf dem Weg in die Aussiedlung gewesen (153). Das Lager war aus einer ehemaligen SS-Unterkunft entstanden und hatte unmittelbar nach Kriegsende der sowjetischen Besatzungsmacht als Kriegsgefangenenlager gedient (154). Es handelte sich um ein riesiges Areal zu beiden Seiten des Flusses Sazawa, wo weiträumig 46 Holzbaracken verteilt standen. Je eine diente als Küche und als Krankenstation. Umgeben war das Lager von einem zwei Meter hohen, doppelten Stacheldrahtzaun (155). Ursprünglich scheint das Lager von den tschechischen Behörden zur Internierung von schlesischen Flüchtlingen genutzt worden zu sein, die bei Kriegsende in Böhmen gestrandet waren. Angeblich soll es sich um 15 000 Menschen gehandelt haben (156); noch für Anfang Mai 1946 nennt der deutsche Lagerarzt Dr. Pohlner eine Belegung von 8 000 Menschen jeden Alters (157), unter denen sich immer noch sehr viele Schlesier befanden (158). Etwa ab dem Frühsommer

1946 wurden hier Deportierte nach ihren Zwangsarbeitseinsätzen konzentriert, so daß das Lager ab dann auch die Funktion eines Aussiedlungslagers erhielt (159). Dafür waren einige Baracken eigens mit Stacheldraht umgeben worden, wo dann die Leibesvisitationen und Gepäckkontrollen stattfanden (160). Trotz der großzügigen Anlage fehlten dem Lager die hygienischen Voraussetzungen für die Unterbringung einer so großen Menschenmenge. Die Geschlechter waren separat untergebracht, so daß die Frauen mit den Kindern rigoros von den Familienvätern getrennt wurden. Ebenso waren die Arbeitsunfähigen eigens untergebracht. Mindestens bis Oktober 1946 existierten nur Latrinen, irgendwann danach wurden Toiletten aufgestellt (161). Wasch- und Badegelegenheiten fehlten, und die Benutzung des Flusses war strengstens verboten. Erst als die Aussiedlungstransporte zusammengestellt wurden, durfte in der Sazawa gebadet werden (162). Alle Baracken waren verwanzt, dazu litten die Lagerinsassen unter der Läuseplage. Erst im Januar 1946 wurde eine Entlausungsaktion durch einen Desinfektionstrupp aus Prag durchgeführt (163). Als Verpflegung gab es "früh bitteren schwarzen Kaffee, mittags eine Kelle (nicht ganz 1/2 Liter) dünne grüne Kartoffelsuppe (ohne Kartoffeln, Salz und Fett), abends bitteren schwarzen Kaffee, 1 Schnitte Brot. Diese sollte 250 g wiegen, hatte in Wirklichkeit ein Gewicht von höchstens 170 - 180 g, festgestellt durch eine tschechische Kommission (...)" (164). Diese Tagesration wird auch von anderen Lagerinsassen bestätigt, die zu unterschiedlichen Zeiten in Prosečnice verweilten (165). Magdalena Wimmer aus Blahussen hatte als Küchenhilfe Einblick in die Zubereitung des Mittagessens: "Es war immer das Gleiche. Für einen Kessel mit zirka 100 Litern gab man acht Eimer Kraut, sechs Eimer Kartoffeln und als Krönung zum Schluß sechs Würfel Margarine." (166) Es kann davon ausgegangen werden, daß dies die Normalverpflegung während der Periode 1945/46 gewesen war. Milch gab es nicht einmal für die Säuglinge (167). Eine Deportierte aus Holleischen notierte folgende Beobachtungen: "Die Menschen dort waren völlig ausgehungert und unterernährt. (...) Diejenigen, die schon lange dort waren, haben sich Brennesseln und Löwenzahn hineingeschnitten, die wegen des hohen Bedarfs gar nicht schnell genug nachwachsen konnten. (...) Die jungen Frauen hatten wegen der Unterernährung keine Periode (...)." (168) Trotz dieser Hungerrationen bestand für die Lagerinsassen Arbeitspflicht. Der Lagerleiter Mahol "stellte Arbeitskommandos zusammen ohne Rücksicht auf Geschlecht, Alter und Gesundheitszustand" (169). Sein Nachfolger Schön nahm immerhin Rücksicht auf die Alten und Invaliden (170). Die Frauen waren größtenteils innerhalb des Lagers eingesetzt zu Instandsetzungsarbeiten und zum Holzschlagen. Die Männer arbeiteten dagegen in der Umgebung u. a. in Steinbrüchen (171). Bis in das Jahr 1947 hinein war es üblich, Lagerinsassen auch zu langfristigen Arbeitskommandos außerhalb zu vermitteln (172). Neben den harten Arbeitsbedingungen herrschte ein strenges Lagerregime, wobei sogar Kinder verprügelt wurden (173). Selbst der kleinste Verstoß gegen die täglichen Anweisungen wurden durch Verpflegungsentzug geahndet; davon konnten nicht nur einzelne, sondern ganze Baracken (174) oder gar das gesamte Lager (175) betroffen sein. Dazu kamen die willkürlichen Schikanen und Tätlichkeiten seitens des Wachpersonals, das ab 1946 aus 100 jungen SNB-Angehörigen bestand (176), die stets nach einem vorgeschriebenen Reglement gegrüßt werden mußten (177). Unter diesen Umständen war es unausweichlich, daß "die alten Menschen starben wie die Fliegen" (178). Doch allein schon die völlig unzulängliche Verpflegung mußte zur Entkräftung eines jeden Lagerinsassen führen. Der Lagerarzt Dr. Pohlner stellte für die ersten Monate von 1946 fest, daß durch die Ernährungslage "bei Männern innerhalb von 3-4, bei Frauen innerhalb von 4-5 Monaten unbedingt der Tod eintrat, durch instritio universalis bei vollständiger Abmagerung, Schwellung der Gliedmaßen und des Gesichtes und plötzlicher Herzschwäche. Die Sterblichkeitsziffer auf Grund des Verhungerns betrug 5-10 Fälle täglich. Dazu kamen noch ebenso viele Todesfälle durch Typhus, Paratyphus, Ruhr, Scharlach, Diphterie, Tbc und normale innere Erkrankungen, die wegen des Mangels an einer größeren Auswahl an Medikamenten und Diätnahrung nicht behandelt oder geheilt werden konnten." (179) Ein Arztbesuch war ohnehin kaum möglich. Diese Beurteilung wird durch weitere Quellen bis in den Herbst 1946 hinein belegt (180). Selbst der Besuch einer Kommission des Internationalen Roten Kreuzes im April 1946 hatte keine Änderung bewirkt (181). Dagegen hatte Ende 1945 die Lagerverwaltung noch die Dreistigkeit besessen, die Insassen eine Woche lang mit abwechslungsreicher Kost aus US-Beständen zu versorgen, um einer Delegation ausländischer Journalisten eine gute Behandlung der Deutschen vorzugaukeln (182). Die Realität einer hohen Sterberate bezeugten dagegen die Massengräber hinter den Baracken, wo nach Angaben eines Tschechen über 2 000 verhungerte oder erschlagene Menschen verscharrt worden seien (183). Sichtbar war allerdings nur ein kleiner Friedhof, "und die kleinen Holzkreuze bezeugten, daß sehr viele junge Menschen da begraben waren. Das waren Schlesier, die den Winter 1945/46 hier verhungert und erfroren sind." (184) Angesichts dieser menschenverachtenden Verhältnisse verwundert es nicht, daß das Lager Prosečnice den Beinamen "grüne Hölle" trug (185), was die Lagerverhältnisse von 1945 bis 1947 charaktersierte (186).

Eine qualitative Veränderung zum Besseren trat etwa Mitte 1947 ein, was offensichtlich im Zusammenhang mit einer landesweiten Auflösung von kleineren Sammellagern und der Erhebung des Lagers Prosečnice zum Gebietssammellager stand. Wie um das Lager vom Ruf der "grünen Hölle" zu befreien, wurde es ab jetzt als Lager Lešany bezeichnet (187). Hier wurden die arbeitsunfähigen Insassen bzw. nichtvermittelbaren Familien aufgelassener Lager bis zu ihrer Aussiedlung zusammengefaßt (188). Offensichtlich befand sich darunter eine größere Zahl von Tbc-Kranken, da für diese eine eigene Infektionsstation unter der Betreuung eines Arztes und einer Schwester existierte. Die Patienten bekamen etwas Milch und ein bißchen mehr Margarine als die übrigen Lagerinsassen (189). Dorthin wurden nachweislich mindestens bis zum Herbst 1948 (190) aber auch jene Sudetendeutschen gebracht, deren Zwangsarbeitseinsätze abgelaufen waren. Dies bedeutete jedoch nicht, daß sie ab nun von der Arbeitspflicht befreit waren. Abgesehen von den lagerüblichen Arbeiten sowie der Versorgung der lagereigenen Landwirtschaft wurden den Betrieben der Umgebung weiterhin Arbeitskräfte zur Verfügung gestellt: "Für auswärtige Arbeit als Helfer bei Bauern, Handlanger, im Kohlenbergwerk, usw. Diese Arbeitskräfte wurden von der Lagerleitung mit 10 Kč täglich entlohnt. Insofern befanden sich die internierten Sudetendeutschen zu diesem Zeitpunkt immer noch in Zwangsarbeit, allerdings mit dem Unterschied, daß das Lager die ständige Unterkunft blieb und die Arbeitsleistung nach einheitlichen Regeln erfolgte. So gab es beispielsweise nicht nur regelmäßige Bezahlung, sondern auch die Verpflegung wurde an der Schwere der Arbeit orientiert"(191). Insofern kann tatsächlich von einer entscheidenden Verbesserung der Existenzbedingungen für die Deportierten gesprochen werden, soweit sie sich ab 1947 im Sammellager Lešany befanden. Wie sehr sich die Zustände geändert hatten, geht aus den Aufzeichnungen Weschtas hervor, der nun von dem "Renommier-Lager der Prager Regierung" spricht (192). So stellte er nach seiner Ankunft im Sommer 1947 überrascht fest, daß jeder über ein eigenes Bett verfügte. Dazu wurden jedem Decken und Eßgeschirr ausgehändigt. Die Verpflegung wird als eintönig, aber dennoch reichlich bezeichnet (193). "Es gab ein kleines Krankenhaus, zwei oder drei Ärzte, einen Zahnarzt, einen Friedhof, eine hübsche, selbstgebaute Holzkirche, einen Pfarrer, einen Kindergarten und eine Volksschule, eine große Küche, in der man mittags sein Essen holen konnte, einen Verkaufsladen, wo man auf die inzwischen verteilten Lebensmittel- und Kleiderkarten einkaufen konnte, soweit Geld und Vorrat reichten." (194) Obgleich das Lager immer noch von Stacheldraht umgeben und die Internierten unter der Bewachung von zehn SNB-Angehörigen standen (195), hatte sich das Lagerleben so weit "normalisiert", daß die Deutschen nach Feierabend bereits Tanz- und Singabende organisierten (196). Eine damals 16-Jährige beschreibt ihre Empfindungen unter den Bedingungen des Jahres 1948: "Es hätte das Paradies sein können, aber wir wollten nur eines - nach Deutschland." (197) Allein schon diese Charakterisierung verdeutlicht, welchen Wandel die Entwicklung der "Hölle von Prosečnice" zum Gebietssammellager Lešany bedeutete. Das Dasein als Zwangsarbeiter inner- oder außerhalb der Lager während der Jahre 1945 bis 1947 war weitgehend in den Hintergrund getreten, doch nach wie vor waren die Lagerinsassen Deportierte ohne Bewegungsfreiheit (198). Viele mußten in dieser Situation nachweislich bis 1949 ausharren, bevor sie endlich ausreisen konnten (199).

Entlohnung der Lagerinsassen

Nach den vorliegenden Berichten scheint eine regelmäßige Vergütung, ja überhaupt eine Entlohnung für die geleistete Arbeit zumindest für die Zeit bis zum Ende der offiziellen Aussiedlung 1946 nicht existiert zu haben. Geordnete Verhältnisse lassen sich erst für die Zeit ab 1947 belegen (200). Ab nun war auch eine medizinische Versorgung feststellbar, die diesen Namen tatsächlich verdiente. Deutsche Lagerärzte und Krankenschwestern standen den Lagerinsassen kostenlos zur Verfügung, ebenso waren Unterkunft und Verpflegung frei. Dafür wurden die Lebensmittelkarten automatisch einbehalten. Vom Amtsarzt wurden alle nach ihrer Arbeitstauglichkeit untersucht. Soweit jemand nicht für Arbeiten innerhalb des Lagers gebraucht oder wegen Beaufsichtigung eines Kleinkindes unabkömmlich war, wurde er durch das Arbeitsschutzamt (úřad ochrany práce) einer Arbeitsstelle zugewiesen. In der Lagerkanzlei wurde über die Zeiten der Abwesenheit genau Buch geführt. Jeder mußte sich beim Verlassen und bei der Rückkunft melden. Die Entlohnung entsprach dem allgemeinen Tarif, jedoch erhielten die Arbeiter den Pflichtlohn nicht direkt vom Arbeitgeber. Vielmehr rechnete dieser monatlich mit der Lagerverwaltung ab. Diese zog davon die 20-prozentige Sondersteuer für Deutsche sowie die Lohnsteuer ab. Sonstige Sozialabgaben wurden nicht erhoben. Das im Lager beschäftigte deutsche

Personal erhielt als Tageslohn 10 Kč. Die außerhalb tätigen Arbeitskräfte erhielten durch den Arbeitgeber als direkte Entlohnung die Verköstigung und je nach Zufriedenheit auch eine geldliche Zuwendung. Letztere war selbstverständlich freiwillig, so daß letztlich die Arbeitsfähigen nur über das Geld verfügten, das ihnen von der Lagerkasse ausbezahlt wurde.

6. WERTUNG

a) Einordnung von Deportation und Zwangsarbeit in den Gesamtvorgang der Vertreibung der Sudetendeutschen

Die Bedeutung von Deportation und Zwangsarbeit im Hinblick auf den „Abschub" der deutschen Bevölkerung

Nachdem die Siegermächte auf der Potsdamer Konferenz im August 1945 der Aussiedlung der deutschen Bevölkerung aus der Tschechoslowakei zugestimmt hatten und diese dann ab dem Frühjahr 1946 auch tatsächlich erfolgte, ist zu prüfen, inwiefern der Komplex „Deportation und Zwangsarbeit" damit in Verbindung steht. An den einzelnen praktischen Auswirkungen der verschiedenen Maßnahmen der tschechischen Seite gegenüber den deutschen Bewohnern der Tschechoslowakei - hier der Deportation und Zwangsarbeit - kann beurteilt werden, in welcher Weise diese dazu beitrug, daß die Sudetendeutschen schließlich widerstandslos die Aussiedlungszüge bestiegen. Die Darstellung belegt hinreichend, daß die Deportierten an ihren Einsatzorten weder eine menschenwürdige oder wenigstens physisch erträgliche Gegenwart erlebten noch eine Zukunftsperspektive erkennen konnten. Bezeichnend ist auch, daß die Massendeportationen erst im Spätsommer 1945 begannen und für die Mehrzahl der Zwangsarbeiter Monate später direkt in die Vertreibung mündete.

Unterbindung eines möglichen Widerstandes durch Auflösung der sozialen Strukturen

Die Massendeportationen ab dem Spätsommer 1945 können vordergründig sicherlich als eine arbeitsmarktpolitische Notwendigkeit verstanden werden. Am 18. Mai 1945 war die tschechische Bevölkerung über die Tageszeitungen aufgerufen worden, in die "Grenzgebiete" zurückzukehren (5), und das Dekret vom 21. Juni 1945 hatte den "tschechischen und slowakischen Bauern und Landlosen" (6) den Landbesitz der Deutschen versprochen. In der Folge waren so viele Tschechen aus Innerböhmen in die deutschen Siedlungsgebiete geströmt, daß sich besonders in der Landwirtschaft ein empfindlicher Arbeitskräftemangel bemerkbar machte, so daß die Einbringung der Herbsternte gefährdet war. Durch das Dekret vom 19. September 1945 konnte nun der Arbeitskräftemangel in Innerböhmen durch die Deportierten aus den deutschen Gebieten kompensiert werden. Doch daneben hatten die Massendeportationen erhebliche Auswirkungen auf die Situation im sudetendeutschen Siedlungsgebiet und auf die Sudetendeutschen selbst. Erstens resultierte daraus eine Ausdünnung der deutschen Bevölkerung innerhalb ihres Heimatgebietes, wodurch sich der Nationalitätenproporz zugunsten der zugeströmten tschechischen Bevölkerung veränderte. Dadurch wurde das Sicherheitsrisiko infolge der deutschen Bevölkerungsüberzahl wenigstens etwas entschärft und gleichzeitig wurde der deportierte Bevölkerungsteil einer wirksamen sozialen Kontrolle unterworfen. Dies galt besonders für jene, die im Bereich der Landwirtschaft den einzelnen Bauern zugewiesen wurden. Ihre physische Ausbeutung und die Vereinzelung innerhalb des tschechischen Siedlungsgebietes während der Zwangsarbeit mußten vor dem Hintergrund des Informationsdefizits zu einer Perspektivlosigkeit führen, die die Lenkung der Deportierten wesentlich erleichterte. Insgesamt bewirkten die Deportationen eine Fragmentierung der sudetendeutschen Volksgruppe, die eine kollektive Willensbildung und potentielle Widerstandstätigkeit erfolgreich unterband. Der Entzug des vertrauten Milieus für die Deportierten und die Zerstörung der gewachsenen Ortsgemeinschaften für die Zurückgebliebenen beeinträchtigten zusätzlich jede Möglichkeit eines wie auch immer gearteten Widerstandes.

b) Der Staat als Verantwortungsträger
Der Staat als Träger direkter Gewalt

Für einen großen Teil der sudetendeutschen Bevölkerung existierte während der Zeit zwischen Kriegsende und Vertreibung kein Alltag mehr im selbstgewählten Lebensraum. Viele befanden sich monatelang in Haft oder lebten im Innerböhmischen in Zwangsarbeit oder Internierungslagern, d.h. sie waren fern von ihrem gewohnten Zuhause, und ihr Alltag wurde bestimmt durch die staatliche Reglementierung des Tagesablaufes. Letzteres galt für kürzere Phasen auch innerhalb der gewohnten Umwelt, nämlich während der staatlich gelenkten Beschlagnahmeaktionen, der Deportationen und schließlich während der Aussiedlung. Alle genannten Zustände, die Teilelemente der Vertreibung ausmachen, hatten eines gemeinsam: sie fanden innerhalb eines staatlich definierten Rahmens statt, wurden von staatlichen Organen durchgeführt und standen unter der zentralen Leitung und Aufsicht durch die Prager Regierung. Der Staat wurde gleichsam zum Akteur, welcher auch dann die Verantwortung trug, wenn seine bürokratischen Vorgaben durch einzelne innerhalb der Exekutive eigenmächtig in extremistischer Weise ausgelegt oder für persönliche Absichten mißbraucht wurden. So gesehen definierte ausschließlich der Staat mit seinem Apparat die Vertreibungsbereiche Enteignung, Deportation und Zwangsarbeit, Lagerexistenz sowie Aussiedlung. Im Gegensatz zur direkten Gewalt, die aus der Mitte der Bevölkerung heraus zur Geltung kam, kann hier der Maßstab nicht allein die schwere Mißhandlung mit ihren eindeutigen blutigen oder tödlichen Folgen sein. Vielmehr muß sich das Augenmerk auf alle Aktivitäten richten, die Leben und körperliche Unversehrtheit auch langfristig bedrohten. Ferner existierte hier nicht immer eine direkte personale Subjekt-Objekt-Beziehung. Dies ist jedoch insofern unerheblich, als die Objekte (die Sudetendeutschen) stets unmittelbar von den staatlich geplanten Maßnahmen betroffen waren.

Deportation und Zwangsarbeit als direkte Gewalt unter staatlicher Aufsicht

Die fragwürdige Legitimität der Präsidialdekrete, die sich aus dem Widerspruch zur Verfassung von 1920 (3) und zu dem damals erreichten menschenrechtlichen Standard (4) ergeben, bleibt hierbei unberücksichtigt. Die Verordnungslage wird unabhängig von ihrer juristischen Tragfähigkeit als der de facto-Zustand angenommen. Für die tschechische Bevölkerung sowie die Exekutive stellten die Präsidialdekrete und die darauf fußenden Verordnungen und Ausführungsbestimmungen die legale Norm dar, an der sie ihr Tun und Lassen orientieren mußte bzw. durfte.

Sehr viel sichtbarer kam personale Gewalt bei den Massendeportationen zum Einsatz. Über den zahlenmäßigen Umfang liegen keine Angaben vor. Doch unter arbeitsmarktpolitischem Gesichtspunkt ist zu bedenken, daß die Zahl der Landarbeiter 1946 gegenüber dem Vorkriegsstand um 56% geschrumpft war, die zum Teil durch die Deportierten zu ersetzen waren (62). Wenn vom Umfang der Deportation aus dem Kreis Mies ausgegangen wird, erhält man eine Größenordnung von weit über einer halben Million. Bereits bei der Aushebung wurde keine Rücksicht genommen auf individuelle Notwendigkeiten - Alte, Kinder, Schwangere, Kranke und Gebrechliche wurden unter ebenso rigorosen Umständen zur Deportation gezwungen wie alle anderen auch. In der Regel wurden die Menschen in unbeheizten und nicht selten sogar offenen Güterwaggons befördert. Da der größte Teil der Deportationen im Herbst stattfand, brachte allein schon der Transport gesundheitliche Risiken mit sich. Diese Risiken mußten sich potenzieren, wenn Züge tagelang unterwegs waren, ohne daß den Insassen ausreichende Möglichkeiten zum Schlafen, Essen und Trinken und zur Verrichtung der Notdurft eingeräumt wurden. Eine Versorgung mit Trinken und genießbaren Lebensmitteln erfolgte grundsätzlich nicht. Trotz dieser Umstände und vieler gesundheitlich angeschlagener Deportierter existierte grundsätzlich keine ärztliche Betreuung. Todesfälle sowie Schäden an Leib und Seele waren so unausbleiblich. Die folgende Zwangsarbeit brachte in den meisten Fällen weitere gesundheitliche Beeinträchtigungen mit sich. Ein Teil der Verschleppten lebte in Internierungslagern, ein anderer Teil direkt am Ort der Arbeitsverpflichtung. In jedem Fall wurden die Arbeitspflichtigen vom staatlichen Arbeitsschutzamt erfaßt und zugeteilt. So hatten die Finanzbehörden Kenntnis, welcher Dienstherr wieviel Steuern zu entrichten hatte. Staatlicherseits wurden die Abzüge einschließlich der 20-prozentigen Sonderabgabe auf der Grundlage des ortsüblichen Lohnniveaus berechnet, wogegen die Zwangsarbeiter entweder gar keinen oder nur einen unerheblichen Bruchteil vom vorgeschriebenen Barlohn erhielten. Die von den Lagerverwaltungen oder Dienstherren einbehaltenen Lohnanteile standen in keinem Verhältnis zum Niveau der gewährten "Kost und Logis". Zusätzlich hatten die verschleppten Sudetendeutschen häufig noch Demütigungen und schlimmste körperliche Mißhandlungen zu ertragen. Die medizinische Betreuung war ungenügend. Diese Feststellungen gelten sowohl für Lagerinsassen als auch für jene, die bei ihren Dienstherren untergebracht waren. Für die Ausbeutung durch Letztere ist der Staat insofern zumindest mitverantwortlich, als er die Arbeitskräfte ausgehoben und vermittelt hat, ohne sich um ihr weiteres Schicksal zu kümmern. Es gab zwar Fälle, wo das Arbeitsschutzamt auffällig gewordenen Dienstherren die Arbeitskräfte entzogen hat, doch in der Regel verhinderten die große Entfernung zu den behördlichen Einrichtungen, die eingeschränkte Bewegungsfreiheit und die lange Arbeitszeit praktisch jede Beschwerde der Deutschen. Insgesamt kann von einer bewußten Ausbeutung der Arbeitskraft und der Gesundheit der verschleppten Sudetendeutschen gesprochen werden, die der Staat nicht nur nicht verhindert, sondern in den Lagern auch selbst betrieben hat. Die Auswirkungen von Deportation und Zwangsarbeit lassen sich mit folgenden Stichworten zusammenfassen: Todesfälle und Gesundheitsschäden infolge von Mißhandlung, Ausbeutung und Rücksichtslosigkeit; Kinderarbeit; Lohnraub. Neben den selbstständigen Dienstherren waren von staatlicher Seite folgende Institutionen beteiligt: der Staatspräsident durch seine Dekrete, die Eisenbahnverwaltung, das Militär und die Revolutionsgarde, das Arbeitsschutzamt, die Finanzbehörden und das Innenministerium als Aufsichtsorgan für die Lager.

c) Exkurs: Das Lagersystem
Das "Lager" als Existenzform

Das "Lager" war in zweifacher Hinsicht präsent, einmal als beständige Drohung und daneben als Existenzform. Bohmann schätzt, "daß wenigstens eine Million Sudetendeutsche in Internierungs- und Konzentrationslager überführt" wurde (65). Angesichts dieser gewaltigen Zahl, die ein gutes Drittel der 1945 anwesenden sudetendeutschen Bevölkerung ausmacht, war die Lagerexistenz eine real erlebbare Drohung und gleichzeitig ein Hauptmerkmal sudetendeutscher Existenz. Nach den Ermittlungen des Deutschen Roten Kreuzes bestanden insgesamt 2061 Internierungs- und Arbeitslager, dazu kamen noch 215 Gefängnisse (66). Obwohl die Belegung der Lager theoretisch in Verhaftete, Internierte und zur Zwangsarbeit Verschleppte differenziert werden kann und die Systematisierung der Lager bei Pokorny in etwa diesen drei Personenkreisen entspricht (68), ist eine Differenzierung der Lager nach der offiziellen Bezeichnung oder nach funktionalen Gesichtspunkten weder möglich noch sinnvoll. Erstens waren die Bezeichnungen nicht einheitlich und zweitens waren in allen Lagern und Gefängnissen Insassen verschiedener Kategorien anzutreffen. Erst 1946 setzte eine gewisse Sortierung ein. Der Haupteinwand, der gegen den Versuch einer Systematisierung spricht, besteht in den gleichen Existenzbedingungen, denen alle Lagerinsassen bis in das Jahr 1946 hinein ausgesetzt waren (69). Innerhalb dieser Umstände gab es nur bessere oder schlechtere Lager, wobei es gleichgültig war, ob es sich um ein Sammel-, ein Internierungslager oder ein Gefängnis handelte. Alle Lagereinrichtungen wurden nach Richtlinien des Innenministeriums organisiert (70) und - nach der Darstellung des sudetendeutschen Weißbuches - "vielfach nach dem Muster der deutschen Konzentrationslager angelegt" (71). Insofern mag es kein Zufall gewesen sein, daß die Internierungslager ursprünglich die Bezeichnung "Koncentrační tábor" trugen (72) und der britische Labour-Abgeordnete Stokes bei einem Besuch im Lager Hagibor im September 1945 die tägliche Kalorienmenge noch niedriger als im KZ Belsen schätzte (73). Selbst der tschechische Humanist Přemysl Pitter äußerte nach dem

Besuch eines Prager Internierungslagers entsetzt: "Vor uns öffnete sich die Hölle, von welcher die Vorübergehenden keine Ahnung hatten." (74) Inwiefern die tschechischen Lager tatsächlich mit deutschen KZs zu vergleichen waren, ist unerheblich. Die Tatsache der gleichen Merkmale, welche die Existenz in den Lagern und Gefängnissen durchgängig prägten, spricht für sich.

Ernährung

In allen Lagern und Gefängnissen gab es monatelang die gleiche eintönige Verpflegung, die sich folgendermaßen zusammensetzte: eine Scheibe Brot für den ganzen Tag, früh und abends schwarzen Kaffe und mittags eine sehr dünne Kraut- oder Kartoffelsuppe (75). Die Kost war salzlos und fettarm, Fleisch gab es so gut wie nie. Als Folgen dieser vitaminlosen, einseitigen und hauptsächlich flüssigen Nahrung werden folgende gesundheitliche Auswirkungen genannt: Zahnausfall, Durchfall, Ruhr, Wassersucht, Ausbleiben der Menstruation, Herzschwäche. Säuglinge starben sehr oft deswegen, weil die Mütter nicht mehr stillen konnten (82). Der Hungertod taucht in allen Berichten als alltägliche Erscheinung auf.

Unterbringung

Die Quartiere waren in jedem Fall überbelegt (83), schlecht oder überhaupt nicht beheizt (84) und stets verwanzt. Die Schlafstellen waren häufig nicht in ausreichender Anzahl vorhanden und boten keinen erholsamen Schlaf (85). Läuse und Flöhe werden als normale Erscheinung beschrieben (86) und waren Ursache von Krankheiten (87). Die hygienischen Verhältnisse entsprachen weder der Lagergröße, noch waren sie überhaupt in menschenwürdiger Weise vorhanden (88). Diese Beobachtungen gelten für die Gefängnisse ebenso wie für die Lager.

Medizinische Versorgung

Angesichts der Unterernährung und der menschenunwürdigen Unterbringung als Dauerzustand waren gesundheitliche Auswirkungen vorauszusehen. Dennoch existierte keine ärztliche Versorgung, die diesen Namen verdient hätte. Das betreuende Ärzte- und Schwesternpersonal gehörte ebenfalls zu dem internierten bzw. verhafteten Personenkreis, so daß Anzahl und Zusammensetzung zufallsbedingt waren (89). Die Ausstattung der Behandlungs- bzw. Krankenstationen erlaubte kaum eine Behandlung der am häufigsten auftretenden Beschwerden, Medikamente waren entweder überhaupt nicht oder nicht in entsprechender Menge vorhanden (90). Der voraussehbaren Seuchengefahr wurde üblicherweise weder durch Desinfektionsmaßnahmen, noch durch die Änderung der unhygienischen Bedingungen begegnet. Typhus, Ruhr, Krätze, Fleckfieber forderten zahllose Todesopfer, deren Zahl durch eine gewissenhafte hygienische und medizinische Versorgung hätten wenigstens verringert werden können.

Anschläge gegen Leib und Leben

Grundsätzlich ist festzustellen, daß die Lagerinsassen der Willkür des Wach- und Aufsichtspersonals ausgesetzt waren. Eine Beschwerde oder Schutzanforderung war ausgeschlossen. Die Willkür äußerte sich in zahllosen Schikanen und in beliebigen Mißhandlungen bis hin zu Mordorgien (91). Hierbei ist anzumerken, daß dabei nicht die reguläre Polizei und die professionellen Gefängniswärter die Hauptrolle spielten, sondern die Angehörigen der Revolutionären Garden. An diesem Gewaltpegel änderten weder die Gefängnisverwaltungen noch die regelmäßigen externen Inspektionen etwas (92). Daneben existierte ein strenges Lagerreglement, das mit rigorosen Strafen durchgesetzt wurde (93). Schließlich wurde die Arbeitskraft der Lagerinsassen ohne Rücksicht auf ihre Leistungsfähigkeit und gesundheitliche Belastbarkeit ausgebeutet. Genaugenommen wurden Leib und Leben der Lagerinsassen nicht erst durch gezielte Gewaltanwendungen bedroht, sondern die Lagerexistenz als solche stellte bereits eine Dauergefährdung des Lebens und der Gesundheit dar. Pitter schilderte diese Existenz am Rande des Todes im Herbst 1945 am Beispiel des Lagers Hagibor, "wo noch heute die Hölle ist, wo Erwachsene und Kinder vor Hunger sterben, in schmutzigen und verseuchten Baracken." (95) Als Mitglied der Sozialkommission des Prager Nationalausschusses (Ústřední národní výbor) hatte er die Lager in Prag inspiziert und auf eine Änderung der unmenschlichen Verhältnisse gedrungen. Daraufhin wurde er seines Postens enthoben (99). Das Lagersystem war uneingeschränkt eine gigantische staatliche Veranstaltung. Es unterstand dem Innenministerium und war die Konsequenz des unscharf formulierten Retributionsdekretes vom 19. Juni 1945.

7. Anmerkungen

1. Einleitung: Arbeitszwang auf der Grundlage staatlicher Verordnungen

1) Vgl. Das nationalsozialistische Lagersystem (CCP), Weinmann, Martin (Hg.), 1. Aufl., Frankfurt/Main, 1990, S. 559 f.
2) A. a.O., S. 41 f.
142) Vgl. DOK, Bd.IV/1, S.191
151) Es handelt sich um folgende "Dekrete des Präsidenten" ...
   1. ..."vom 19. Mai 1945 über die Ungültigkeit einiger vermögensrechtlicher Rechtsgeschäfte aus der Zeit der Unfreiheit und über die nationale Verwaltung der Vermögenswerte der Deutschen, der Madjaren, der Verräter und Kollaboranten und einiger Organisationen und Anstalten"
   2. ... "vom 19. Juni 1945 über die Bestrafung der nazistischen Verbrecher, der Verräter und ihrer Helfershelfer sowie über die außerordentlichen Volksgerichte"
   3. ... "vom 21. Juni 1945 über die Konfiskation und beschleunigte Aufteilung des landwirtschaftlichen Vermögens der Deutschen, Madjaren, wie auch der Verräter und Feinde des tschechischen und slowakischen Volkes"
   4. ... "vom 20. Juli 1945 über die Besiedelung des landwirtschaftlichen Bodens der Deutschen, Madjaren und anderer Staatsfeinde durch tschechische, slowakische und andere slawische Landwirte"
   5. ... "vom 2. August 1945 über die Regelung der tschechoslowakischen Staatsbürgerschaft der Personen deutscher und madjarischer Nationalität"
   6. ... "vom 19. September 1945 über die Arbeitspflicht der Personen, welche die tschechoslowakische Staatsbürgerschaft verloren haben"
   7. ... "vom 18. Oktober 1945 über die Auflösung der Deutschen Universität Prag"
   8. ... "vom 25 Oktober 1945 über die Konfiskation des feindlichen Vermögens und die Fonds der nationalen Erneuerung"
   9. ... "vom 27. Oktober 1945 über die Sicherstellung der als staatlich unzuverlässig angesehenen Personen während der Revolutionszeit"
   10. ... "vom 27. Oktober 1945 über die Zwangsarbeits-Sonderabteilungen" Zitiert nach: DOK, Bd.IV/1, S.204 ff

Von Bedeutung sind folgende Erlasse bzw. Ausführungsbestimmungen:

1. "Bekanntmachung des Finanzministeriums vom 22. Juni 1945 über die Sicherstellung des deutschen Vermögens"
2. "Bekanntmachung des Landwirtschaftsministeriums vom 3. August 1945 über die Einreichung von Anmeldungen um eine Bodenzuteilung im Grenzgebiet nach dem Dekret des Präsidenten der Republik vom 20. Juli 1945, Slg. Nr. 28, über die Besiedelung des landwirtschaftlichen Bodens der Deutschen, der Madjaren und anderer Staatsfeinde durch tschechische, slowakische und andere slawische Landwirte"
3. "Runderlaß des Ministeriums des Innern vom 24. August 1945 über die Regelung der tschechoslowakischen Staatsbürgerschaft nach dem Dekret vom 2. August 1945"
4. "Bekanntmachung des Finanzministeriums vom 29. Oktober 1945 über die Auszahlungen aus gesperrten Einlagen und Sperrkonten der staatlich unzuverlässigen Personen"
5. "Bekanntmachung des Ministeriums des Innern vom 2. Dezember 1945 über die Richtlinien zur Durchführung des Dekretes des Präsidenten der Republik über die Arbeitspflicht der Personen, welche die tschechoslowakische Staatsbürgerschaft verloren haben"
   Zitiert nach: DOK, Bd.IV/1, S.231 ff

152) In Beziehung zu den Präsidialdekreten stehen folgende Gesetze:
   1. "Gesetz vom 11. April 1946 über die Arbeits- (Lehr-) Verhältnisse der Deutschen, Madjaren, der Verräter und ihrer Helfershelfer"
   2. "Gesetz vom 8. Mai 1946 über die Rechtmäßigkeit von Handlungen, die mit dem Kampf um die Wiedergewinnung der Freiheit der Tschechen und Slowaken zusammenhängen"
   3. Gesetz vom 16. Mai 1946 über die Ungültigkeit einiger vermögensrechtlicher Rechtsgeschäfte aus der Zeit der Unfreiheit sowie über die Ansprüche, die sich aus dieser Ungültigkeit und aus anderen Eingriffen in das Vermögen ergeben"
153) Siehe Anmerkungen 151 u. 152.

154) Vgl. Para. 4 a)
169) So im Titel des Dekretes v. 19. Sept. 1945.
170) Vgl. a.a.O., Para. 2
171) Vgl. a.a.O., Para. 5 u. 6
172) So die durchgängige Bezeichnung.
173) Vgl. Bekanntmachung d. Innenministeriums v. 2. 12. 1945, Para. 2 u. 3
174) So die durchgängige Bezeichnung.
175) Vgl. a.a.O.
176) Kučera, S. 326
177) Gesetz v. 11. 4. 1946, Para. 1

2. Arbeitseinsätze als Mittel der Terrorisierung

9) Vgl. 167, Folge 41,S.247 / Folge 42, S. 302 / Folge 43, S. 364; 428, S.95; 450
10) Vgl. 572, S.181
11) Vgl. 317, S.183
12) Vgl. 426; 32, S.335
13) 383
14) Vgl. z.B. 55, S. 444
16) 608, Bl. 61
17) Vgl. ebd.
18) Vgl. 572, S.173
19) Vgl. 304, S.222
20) 720, S. 31
21) 656
22) Vgl. 374

3. Arbeitseinsätze im Nahbereich des Wohnortes auf der Grundlage der allgemeinen Arbeitspflicht

33) Die Darstellung der Zwangsarbeit in der Verschleppung ist dem folgendem Kapitel vorbehalten.
34) Vgl. 605, Bl.41
35) 584
36) 612, Bl.93
37) Vgl. 348, S.2
38) Vgl. 573, S. 24
39) 478, S.4
40) Vgl. 381, S.13
41) Vgl. 491
42) Vgl. 390, S.4
43) 370, S.2
44) Vgl. 55, S.445
45) Vgl. 478, S.4; 55, S.502
46) Vgl. 478, S.4; 32, S.335; 554
47) 656
48) Vgl. 32, S.335 (Kladrau); 612, Bl.94 (Kottiken); 720, S.29 (Littitz); 717 (Nürschan); 621 (Schlowitz); 16, S. 398 (Tschernoschin); 478, S.4 (Wscherau); 428, S.95 (Wiesengrund)
49) 478, S.4
50) 621; vgl. dazu auch die Ereignisse im Nachbarort Littitz, in: 720
51) 612, Bl.94
52) Vgl. 656
53) Vgl. 381, S.4
54) Vgl. 55, S.502
55) 544; vgl. dazu: 572, S. 181
56) 690; vgl. auch 640
57) Vgl. 569
58) Vgl. 478, S.14
59) Vgl. 398, S.26

60) Vgl. 46, S.475
61) Vgl. 380, S.20

4. Deportation der deutschen Bevölkerung des Kreises Mies (1)

1) Alle Feststellungen dieser Ausführungen beruhen auf der Auswertung der Datei "Zwangsarbeit" mit 429 Datensätzen, sofern nicht durch eine eigene Anmerkung gekennzeichnet.
4) Darunter nachweislich 26 alte Menschen in den 70ern und 80ern.
5) Vgl. 445; 492
6) Vgl. 495
7) Darunter nachweislich 128 Kinder, vom Säugling bis zu Vierzehnjährigen.
8) Nachweislich 5 Fälle; alle diese Zahlenangaben sind keinesfalls repräsentativ, sondern eher mit der Spitze eines Eisberges zu vergleichen.
9) Vgl. 17; 313; 589
10) Vgl. 120, S.5; 421
11) Vgl. 17, S.422; 36, S.282
12) Vgl. 584
13) Selbst der Student Macht aus Dorf Tuschkau, der wegen Widerstandstätigkeit bis 1945 im KZ Theresienstadt eingesperrt gewesen war, mußte mit seinen Eltern den Weg in die Zwangsarbeit antreten; vgl. dazu: 456.
14) Von weiteren 42 Ortschaften liegen keine Nachweise vor. Diese hatten 1939 zusammen 6215 Einwohner, das heißt, dort lebten nur knapp 10 % der Kreisbevölkerung. Da es sich ausnahmslos um kleine Bauerndörfer handelt, kann vermutet werden, daß sich in diesen kleinen Gemeinschaften kein Chronist gefunden hat, der die Ortsereignisse von 1945 überliefert hat, so daß in Wirklichkeit die Zahl der möglicherweise nichtbetroffenen Ortschaften noch niedriger ist. Angesichts der geringen Bevölkerungszahl wird dadurch der Gesamteindruck jedoch nicht verändert.
15) So reichte der Erfassungsbereich bis Dobraken, Hniemitz, Unolla, Kscheutz, Schweißing, Lingau und Hollin.
16) Vgl. dazu die ausführlichen Schilderungen von 172 und 611
17) Vgl. dazu 611. Hier wird eine Gesamtzahl von 1600 genannt. Hierbei wurde nachweislich ein Einzugsgebiete erfaßt, das wenigstens bis Kladrau und Millikau reichte.
18) Vgl. dazu 568. Hier werden "mehrere Tausend" angegeben, was jedoch nur als relative Mengenangabe begriffen werden kann. Betroffen waren nachweislich die Orte Kladrau, Millikau, Techlowitz und Mies.
19) Vgl. dazu 562; 658; 674; 570. Betroffen waren nachweislich Mies und südöstlich davon Sittna, Solislau, Hermannshütte, Wilkischen, Kostelzen, Unter- und Obersekerschan
20) Vgl. zum Transport v. 29. 10.: 523; 561; zum Transport v. 30. 10.: 636. Hiervon wurden zumindest die Orte Mies, Blahussen, Welperschitz, Otrotschin, Schweißing, Laas und Prostibor erfaßt.
21) Vgl. 298
22) Vgl. 93; 147
23) Vgl. dazu 83; 558. 558 nennt 1200 Personen. Mit den Orten Wiesengrund, Klein-Dobrzan, Petersheim, Tschernotin, Stich, Wasseraujezd und Schlowitz war der südöstliche Landkreiszipfel vollständig erfaßt.
24) Vgl. dazu 326; 681. Betroffen waren die Ortschaften Staab, Lellowa, Lischin, Strelitz, Mirowitz, Dorf Tuschkau, Lochutzen und Saluschen.
25) Vgl. dazu 726; 388. 388 spricht von mehreren Hundert. Erfaßt wurden die Orte Holleischen, Hradzen, Lissowa, Honositz, Nedraschitz und Strelitz
26) Vgl. dazu 517. 517 spricht von einem Güterzug. Erfaßt wurden die Orte Nürschan, Auherzen, Zwug, Steinaujezd, Rochlowa und Blattnitz.
27) Vgl. dazu 495; 553. 553 erwähnt 200 Personen im Zug. Erfaßt wurden nachweislich zumindest Stadt Tuschkau, Kosolup, Kottiken und Tschemin.
28) Vgl. dazu 543; 478. Erfaßt waren nachweislich wenigstens Wscherau, Woschana, Chräntschowitz, Lichtenstein und Wenussen.
29) Vgl. 684
30) Vgl. 507
31) Vgl. 585
32) Vgl. 651
33) Vgl. 58
34) Vgl. 648
35) Vgl. 429

36) So aus Kladrau sieben am 15.12., aus Tschernoschin im Oktober einmal neun und ein zweites Mal etwa 20, aus Stadt Tuschkau 12 im August 1945.
37) So aus Elhotten b. Mies, Eisenhüttel, Hniemitz, Kladrau, Labes, Lomitschka, Mies, Pscheheischen, Staab, Tinchau, Tschemin, Unterwilkischen. In den meisten Fällen handelte es sich um Einzelfamilien, die ihr Anwesen räumen mußten.
38) Vgl. 422
39) Vgl. 117
40) Vgl. 529
41) Vgl. 241
42) Dem Verfasser liegen die Kopien der Aufforderungen von drei Familien vor.
43) Kopie in Besitz des Verfassers.
44) Vgl. 116; 135
45) Vgl. 84, S.25; 167, Folge 44, S.414
46) Vgl. 622
47) 372
48) 608, Bl. 62
49) Vgl. 568
50) Vgl. 719, S. 22
51) Vgl. 561; 533; 611, Bl.67
52) 36, S.282
53) 421; vgl. auch 719, S. 22 u. 720, S. 31
54) 495, S.6
55) 426
56) 611, Bl.67
57) Vgl. 421
58) Vgl. 156, S.701; 244
59) Vgl. 681, S. 501
60) Vgl. 32, S. 335; 160, S.939; 517
61) Vgl. 244, S.21; 632, Folge 448, S. 169; 611, Bl.67
62) Vgl. 607, Bl.59; 36, S.345
63) Vgl. 156, S.701; 611, Bl.69; 632, S.169
64) Vgl. 84, S.25
65) 698
66) Vgl. 632, S.169; 553, S.5
67) Vgl. 632, S.169
68) Vgl. 611, Bl.69
69) 562, S.2
70) Vgl. 607, Bl.59
71) 611, Bl.68
72) Vgl. 84, S.25
73) Vgl. 574
74) 611, Bl.69
75) Die Darstellung dieser Irrfahrt folgt dem Bericht 611; vgl. dazu auch 99.
76) Vgl. 549; 562
77) Vgl. 611, Bl.68
78) Vgl. 495, S.6; 340, S.70; 611, Bl.69
79) 721, S. 37
80) 553, S.5
81) Hier handelt es sich weder um eine sexistische Beschreibung noch um sexistische Absichten der Interessenten, sondern um die Beurteilung der Arbeitsfähigkeit einer Frau.
82) 340, S.71
83) 495, S.7
84) Vgl. 244, S.21; 706. In einer größeren Zahl voneinander unabhängiger Berichte tauchen die gleichen oder sinngemäße Bezeichnungen auf.
85) Vgl. 372; 394; 160, S.940
86) Vgl. 495, S.7; dagegen werden sogar 200 Kč genannt bei 594.
87) Vgl. 517, S.36; 84, S.25; 147, S.298
88) 147, S.298

89) Vgl. 116, S.10; 313, S.478; 219, S.9
90) Zur regionalen Verteilung der nach der Vertreibung noch in der ČSR verbliebenen Deutschen gibt es keine Schätzungen. Fest steht allerdings, daß die Zerstreuung der heutigen Restvolksgruppe der Sudetendeutschen hauptsächlich auf die Deportationen der Nachkriegszeit zurückgeht.

5. Zwangsarbeit

1) Vgl. 36, S.346; 191, S.263; 427; 426, S.2; 651
2) 523
3) Vgl. 36, S.346; 160, S.940; 623; 698
4) Vgl. 632, Folge 449, S. 215; 326, S. 505; 45, S. 805; 392; 530
5) Es handelte sich hierbei um die Eisenwerke in Králův Dvůr.
6) Vgl. dazu die tragischen Familienschicksale in: 402, S.697; 408, S.529
7) Vgl. 144, S.577. Nach Weschta gehen diese Einsatzbereiche auf eine Anordnung des Zemský národní výbor zurück.
8) Vgl. 523. Dazu ausführlich: Kučera, Stellung der Deutschen, S.330
9) Vgl. ebd., Anmerkung 22
10) Siehe dazu das Kapitel 5.9
10a) Vgl. 107, S.17
11) Vgl. 144, S.17; 52, S.734
12) Vgl. Plan-Weseritzer Heimatbrief, 1949, Nr.13, September, S.26
13) 209, S.20
14) Vgl. Kucera, Stellung der Deutschen, S.326
15) Vgl. dazu 561; 36, S.346; 144, S.17; 427; 489
16) 427; vgl. auch 172, S.352; 622
17) Vgl. 547
18) Vgl. 538
19) Vgl. 226, S. 14; 270, S. 286
20) Vgl. 553; 641
21) 429, S.150. Diese Arbeitszeit bestätigt 453.
22) 429, a.a.O. Nach einer mündlichen Information des Kladrauers Bauer, Nürnberg, vom 23. 5. 1991, der ebenfalls in Králův Dvůr arbeitsverpflichtet war, erhielt er sogar einen Lohnstreifen, der allerdings so hohe Abzüge aufwies, daß am Ende nichts ausbezahlt wurde.
23) 93, S.24; wortgleich in: 206, S.27
24) Vgl. 553
25) Vgl. 396
26) Vgl. 364
27) 478, S.10
28) Vgl. 156, S.702
29) Die Mehrzahl hat weder Lebensmittelmarken noch Bargeld bekommen.
30) Vgl. 721, S. 38
31) Vgl. 64, S.28; 93, S.24; 172, S.352
32) 421. Vgl. ebenso in: 427
33) 426, S.3; vgl. dazu: 536
34) Vgl. 36, S.407; 427
35) Nach damals offensichtlich umlaufenden Erklärungen hieß die Sondersteuer auch "Reparationssteuer" (380) bzw."sie wurde an den Aussiedlungsfond" bezahlt (172, S.352). Vgl. auch 719, S. 24
36) Vgl. ebd.
37) Vgl. dazu die Durchführungsbestimmungen vom 2.12.1945, II, Nr.2 u. 3
38) Vgl. 517, S.37
39) 651
41) 489
42) Vgl. 536
43) 489
44) Vgl. 429, S.150
45) Vgl. 562; 4, S.9
46) Vgl. 445
47) 489

48) Auf die Verpflegung und den Umgang mit den Verschleppten wird im nächsten Abschnitt ausführlich eingegangen.
49) 545
50) Vgl. dazu auch die Krankenleiden in: 156, S.702
51) Vgl. 517, S.37
52) Vgl. 175, S.354
53) Vgl. 553, S.6
54) 721, S. 38 f.
55) Vgl. 533
56) Vgl. 681, S.501; 265, S.150
57) Vgl. dazu 84, S. 26; 598, Bl. 81
58) Vgl. dazu 567; 421
59) 562, S.2
60) Vgl. 445; 492
61) 36, S.407
62) 489; vgl. auch 719, S. 23
63) Vgl. dazu 544; 632
64) Vgl. dazu 172, S.352; 446; 160
65) Vgl. 36, Folge 138, S. 346
66) Vgl. 547
67) Vgl. 392
68) Vgl. 492; 517, S.38;
69) 698
70) 156, S.702; vgl. auch 698
71) 623;
72) Vgl. 396
73) Vgl. dazu die freundliche Charakterisierung der Gutsherrin in: 651
74) Vgl. 547
75) Vgl. 548
76) 607, Bl.59
77) 446
78) Vgl. 561; 533; 698
79) 562, S.2
80) Vgl. 641
81) Vgl. 651
82) Vgl. 682, S.100
83) Diese Beurteilung bestätigt 632, S.215: "Ich habe in der Fabrik und außerhalb viele Tschechen in jeder Altersstufe kennengelernt. Am schlimmsten waren die Jugendlichen mittleren Alters. Die Älteren und die Geschäftsleute waren zurückhaltend freundlich."
84) Vgl. 172, S.352; 445
86) 545
87) Ebd.
88) 641
89) 492; vgl. auch 478, S.10; 454
90) 454
91) Vgl. 160, S.940
92) Vgl. 45, S.805
93) 427
94) Vgl. 61/73, 54
95) 698
96) 719, S. 24
97) 632, S.216
98) 517, S.39
99) Vgl. 45, S.805
100) Vgl. 45, S.805; 478, S.8;
101) 721, S. 38
102) Vgl. 328, S.722; 426, S.3
103) 533; vgl. auch 478, S.10; 721, S. 38

104) 421
105) Vgl. ebd.
106) 564, S.80
107) Vgl. 478, S.7
108) Beispiele dafür tauchen nahezu in jedem Bericht auf. Vgl. dazu 632, S.216; 426, S.3; 421; 156, S.845
109) 682, S.100
110) 64, S.28
111) Vgl. 632; S.215
112) Vgl. 156, S.845
113) Arbeitsgemeinschaft, Dokumente, Bericht Nr.271, S.406
114) Vgl. dazu DOK IV/1, S.82
115) Vgl. dazu die Anmerkung 118.
116) Vgl. Pokorny, Ausweisung, S. 42; dagegen: DOK IV/1, S. 82
117) Ein typisches Beispiel dafür war das KZ Mirošov.
118) Ein solches Lager auf dem Meierhof Horomeritz bei Prag wird beschrieben in: 160, S.940. Dort heißt es über Horomeritz: "... wo sich ein Lager mit Frauen, Mädchen und Kindern befand, die bei Prag aufgegriffen worden waren. Alle mußten im Meierhof arbeiten, bekamen nur Kartoffeln zu essen und mußten auf dem Betonboden, auf dem etwas Stroh verstreut war, schlafen. Diese armen Leute wurden von den Wachmannschaften dauernd geprügelt, es war nervenaufreibend, fortwährend das Geschrei der Mißhandelten anhören zu müssen (...). Abends kamen gewöhnlich die Russen und holten sich die Mädchen für die Nacht. Eines Tages wurden alle Kinder in ein Lastauto verladen, um sie angeblich in ein Kinderheim zu bringen (...)."
119) Vgl. Arbeitsgemeinschaft, Dokumente, Bericht Nr.10, S.17
120) Ebd.
121) 160, S.940
122) Vgl. ebd.
123) Ebd.
124) Vgl. Arbeitsgemeinschaft, Dokumente, Bericht Nr.15, S.50
125) Vgl. 562, S.3
126) Ebd.
127) Vgl. 517, S.34; 241, S.26
128) Vgl. 465
129) Vgl. dazu: 465; 466; DOK IV/2, Nr.62, S.320-324
130) Vgl. DOK IV/2, a.a.O., S.323
131) Ebd.
132) Vgl. 466, S.323
133) Vgl. 241, S.26
134) So bezeichnet bei 52, S.728.
135) Vgl. 426, S.3
136) Vgl. dazu den Lagerplan in: 52, S.731
137) Vgl. 468
138) Vgl. 489
139) Vgl. dazu die Liste der Aussiedlungstransporte in die US-Besatzungszone, in: Bohmann, Sudetendeutschtum, S. 253 ff
140) 468
141) Vgl. ebd.
142) Vgl. 144, 1956, Folge 13, S. 577
143) Vgl. 489
145) Vgl. 426, S.3
146) Vgl. 489
147) 426, S.3
148) Vgl. ebd. u. 52, S.733
149) Vgl. 426, S.3
150) Vgl. 52, S.735
151) Vgl. 426, S.5
152) Vgl. 52, S.734
153) Vgl. dazu 632; 523; 445
154) Vgl. 345; 523

155) Vgl. dazu die Beschreibungen in: 632; 156; 523; 345; 709
156) Vgl. Arbeitsgemeinschaft, Dokumente, Bericht Nr. 299, S.439. Der Berichterstatter kann diese Zahl allerdings nicht aus eigenem Augenschein nennen, da er das Lager erst ab Anfang 1946 erlebte. Den Sachverhalt selbst bestätigt aber: 632, S.217
157) Vgl. Arbeitsgemeinschaft, Dokumente, Bericht Nr.9, S.16
158) Vgl. 632, S.217
159) Vgl. ebd.
160) Vgl. 709
161) Vgl. 632, S. 217; 709
162) Vgl. ebd. und 156, S.846
163) Vgl. DOK IV/2, Bericht Nr. 28, S.154
164) Ebd.
165) Vgl. dazu Arbeitsgemeinschaft, Dokumente, Bericht Nr. 9, S. 16; 632; 156
166) 709
167) Vgl. ebd.
168) 632, S.217. Dies bestätigt 709.
169) 156, S.846
170) Vgl. 709
171) Vgl. DOK IV/2, a.a.O., S.154172) Vgl. Arbeitsgemeinschaft, Dokumente, Nr. 299, S.439
173) Vgl. Arbeitsgemeinschaft, Dokumente, Bericht Nr. 9, S.17
174) Vgl. DOK IV/2, a.a.O., S.155
175) Vgl. Arbeitsgemeinschaft, Dokumente, a.a.O., S.16
176) Vgl. ebd.
177) Vgl. DOK IV/2, a.a.O., S.155
178) 632, S.217
179) Arbeitsgemeinschaft, Dokumente, a.a.O., S.16; vgl. auch 709
180) Vgl. dazu 523; 156, S.846; DOK IV/2, a.a.O., S.155; 709
181) Vgl. Arbeitsgemeinschaft, Dokumente, a.a.O., S.16 f.
182) Vgl. DOK IV/2, a.a.O., S.155
183) Vgl. 445. Dies scheint die Gesamtzahl aller Todesopfer zu sein. Bereits 1946 wird von einem Lagerfriedhof mit tausend Kreuzen berichtet; in: Arbeitsgemeinschaft, Dokumente, Nr. 299, S.439
184) 709
185) Vgl. Arbeitsgemeinschaft, Dokumente, a.a.O., S.439. Unabhängig davon taucht die Bezeichnung "Hölle" auch auf in: 445; 345
186) Vgl. zum Zeitraum: 445. Selbst wenn angenommen werden kann, daß nicht alle existierenden Lager gleichermaßen unmenschlich organisiert waren, so dürfte das Ausmaß des Leidens und Sterbens keine Exklusivität von Prosečnice gewesen sein. Bezeichnend für die Verhältnisse in vielen tschechischen Lagern jener Zeit dürfte der Bericht des britischen Labour-Abgeordneten Stokes über das Lager Hagibor sein, in dem er hinsichtlich der Verpflegung zu dem Schluß kommt, diese sei kalorienärmer als im deutschen KZ Bergen-Belsen gewesen. In: Arbeitsgemeinschaft, Dokumente, Anlage VIII, S.527ff
187) Vgl. 345
188) Vgl. 640; 345
189) Vgl. 700
190) Vgl. 445; Arbeitsgemeinschaft, Dokumente, Nr. 299, S.440; 693
190a) 345, Bl. 4
191) Vgl. a.a.O., Bl.3
192) Ebd. Der Mieser Wilhelm Weschta war in Lešany mit seiner Familie von Mitte 1947 bis zu seiner Aussiedlung 1948 interniert.
193) Vgl. a.a.O., Bl. 1 u. 3
194) 640, S.5
195) Vgl. 345, Bl.4
196) Vgl. 640, S.5
197) Ebd.
198) Ebd.
199) Vgl. 445
200) Vgl. 693

6. Wertung

5) Vgl. dazu: Diskussion, S. 32
6) Para 7 (1) des Dekretes vom 21.6.45
3) Vgl. dazu: de Zayas, Vertreibung; Ermacora; Prinz, Aspekte; Rabl, Deutschenvertreibung
4) Vgl. dazu: de Zayas, Vertreibung
62) Vgl. Kosta, S. 24
65) Bohmann, Sudetendeutschtum, S. 199. Dagegen erwähnt Schechtmann nur 100.000 (vgl. Schechtmann, S. 69) und Böhme 350.000 (vgl. Böhme, S. 264). Alle drei Autoren geben für ihre Zahl keine Quelle an. Wenn als Hilfsgröße der Anteil der Deportierten an der Bevölkerung des Kreises Mies genommen wird, könnte von einem Fünftel der Sudetendeutschen im geschlossenen deutschen Siedlungsgebiet als Deportierten ausgegangen werden. Die ca. 250.000 Deutschen des Protektorates können pauschal als Internierte gezählt werden. Von der Gesamtzahl der anwesenden Sudetendeutschen muß die Zahl der von den "wilden Vertreibungen" Betroffenen abgezogen werden, so daß insgesamt etwa 600.000 bis 700.000 Sudetendeutsche verschleppt waren, wovon ein großer Teil in Lagern untergebracht war. Allein diese grobe Schätzung zeigt, daß mehrere Hunderttausend eine Lagerexistenz geführt haben müssen. Belegtes Zahlenmaterial gibt es bislang nicht.
66) Vgl. Böhme, S. 264
67) DOK Bd. IV/1, S. 81, Anmerkung 2
68) Vgl. Pokorny, S. 42
69) Vgl. dazu die identische Beurteilung in: DOK IV/1, S. 81. Siehe auch Tichy, S. 30
70) Vgl. Chloubová, S. 53
71) Arbeitsgemeinschaft, Dokumente, S. XXII
72) Vgl. DOK IV/1, S. 82
73) Vgl. Arbeitsgemeinschaft, Dokumente, S. 525 f.
74) Zit. in: Pasák, S. 92
75) Vgl. die entsprechenden Angaben zu den KZs Mies, Mirošov, Třemošna und Bory
78) Vgl. a.a.O.
82) Vgl. Pitters Bericht, in: Pasák, S. 97
83) - 94) Belege für diese Zustände finden sich in nahezu allen Lagerdarstellungen vorliegender Arbeit und ebenso in Augenzeugenberichten der einschlägigen Dokumentationen.
95) Zit. in: Pasák, S. 101
96) Zit. in: Schechtmann, S. 70
97) Vgl. DOK IV/1, S. 78, Anm. 5
98) Verfassungsdekret v. 27. 10. 1945, in: DOK IV/1, S. 276
99) Vgl. Pasák, S. 101

8. Anhang

a) Zeitzeugenberichte
Schilderung einer Zwangsverpflichtung im Nahbereich des Wohnortes, vgl. Kap. 3c (Quelle Nr. 380)

Josef Keil, damals 23 J.: Bis zur Besetzung unseres Hofes Mitte Okt. 45 arbeitete ich in der elterlichen Landwirtschaft. Bis Anfang Dezember am Meierhof und wurde dann bis zur Aussiedlung zwangsweise nach Pilsen verpflichtet. Dort arbeitete ich als Bauhilfsarbeiter in einer Kaserne gegenüber der Strafanstalt Bory. Meine Eltern mussten ohne Bezahlung in der eigenen Landwirtschaft arbeiten. Ich bekam den Lohn eines tschechischen Hilfsarbeiters abzüglich 20% Reparationskosten. Diese Maßnahme soll nach Angaben eines Spätaussiedlers bis zur zwangsweisen Einbürgerung der Deutschen im Jahre 1954 gedauert haben (Dazu später).

Ich hatte die Wahl, von Montag bis Samstag 14 Uhr in einer Baracke zu bleiben oder täglich im ungeheizten und überfüllten letzten, nur für Deutsche bestimmten Eisenbahnwagen heimzufahren. Ich wählte das Letztere. Es war zwar ein sehr langer Arbeitstag, aber es war sowohl für meine Eltern wie für mich beruhigend, wenn ich in der unruhigen Zeit wusste, was los ist. In Pilsen konnte man sich schon unbehelligt bewegen (Trotz weißer Armbinde). In Pilsen waren die Geschäfte durch die UNRA reichlich gefüllt. Es gab fast alles, wie im Schlaraffenland. Ich konnte auch manchmal etwas kaufen, was es eigentlich für Deutsche nicht gab (Ich wollte Ihnen damit sagen, dass sich seit den Maitagen doch schon manches gebessert hatte).

Bericht einer Zwangsverpflichtung in einem Industriebetrieb (Quelle Nr. 429)

Ing. Ernst Deinl, Alter unbekannt; Ich wurde am 5.10.1946 mit ungefähr 100 anderen Personen aus dem Kreise Mies durch das Arbeitsamt auf drei Wochen als freier Arbeiter in das Eisenwerk Königshof verpflichtet. In Königshof wurden wir von der bewaffneten Werkmiliz übernommen und wie Gefangene in einem Lager hinter Stacheldraht gehalten. Wir verbrachten dort 10 Monate. In einem Raum von 20 mal 10 mal 3,50 m waren 200 bis 225 Mann untergebracht. Die Verpflegung war so gering, dass wir ohne Zubußen von zu Hause die schwere Arbeit nicht hätten leisten können. Trotzdem bezog das Lager für uns Schwerarbeiterverpflegung. Ärztliche Betreuung war praktisch keine vorhanden, da der Lagerführer kaum einen zum Arzt vorließ, und wenn eine ärztliche Arbeitsunfähigkeitsbescheinigung ausgestellt wurde, diese gar nicht anerkannte. Der Postverkehr wurde so gedrosselt, dass ich z. B. in 10 Monaten nur zwei Karten von meinen Angehörigen erhielt. Lebensmittelpakete wurden regelmäßig beraubt. Wir arbeiteten 8 Stunden im Akkord, außerdem leisteten wir bis zu 8 Stunden täglich zusätzliche Arbeit (Kohlenladen, Erzverladen usw.). Obwohl wir nicht als Internierte galten, wurden uns täglich nur zwei Kronen ausgezahlt. Sonntags- und Feiertagsarbeit wurde uns ebenso wenig wie die Überzeitarbeit angerechnet. Auch 14jährige Jugendliche waren zu denselben Bedingungen zur Arbeit eingesetzt. Auch hatten sie jede dritte Woche Nachtschicht. Die Prügelstrafe war offiziell eingeführt und war an der Tagesordnung. Das galt auch für Kriegsgefangene, die mit uns zusammen untergebracht waren und mit uns arbeiteten. Bei der Einlieferung mussten Messer, Rasierapparat, Geld usw. abgegeben werden, was die meisten nicht mehr zurückerhielten. Auch amerikanischen Entlassungsscheine und Registrierscheine sind nicht mehr ausgehändigt worden. Ich kann diese Aussage beeiden.

Der folgende Bericht von Wenzel Böhm, damals 46 Jahre alt, wurde offensichtlich noch von den frischen Eindrücken diktiert und ist stark gefühlsbetont. Er dient als Ergänzung des eher sachlich gehaltenen Berichtes von Ing. Ernst Deinl. Beide wurden zur gleichen Zeit aus dem Internierungslager Mies zur Zwangsarbeit im Eisenwerk Königshof (Kraluv Dvur) verpflichtet. (Quelle Nr. 453 als Fotokopie)

Walkertshofen am 16.5.1947.

__Tatsachen-Bericht aus d. C.S.R.:__

Ich Unterzeichneter geb. 24.10.99 in Prerscheinken Kreis Mies Sudetengau jetziger Wohnort in Walkertshofen Kr. Mainburg N.d. Bayern, schildert seine Erlebnisse i.d. C.S.R. Ich war gewöhnlicher Arbeiter, Jahre langer Sozialdemokrat, und mußte die erbitterten Erlebnisse Grundlos mit durch machen. Am 2/10.1945. wurde ich in eine Gastwirtschaft bestimmt. Mit der Vorwand als freier Arbeiter in eigenen Kreis 6-8 Wochen Arbeit zu leisten, wie ich an kam wurde ich schon von der Gendarmerie mit Gewehren u. Ohrfeigen von den Tschechen empfangen, sind auf ein Auto geladen worden und ins Lager geschaft worden nach Mies, dort gabs Hunger u. Quälerei. Wenn uns unßer Frauen oder Verwandte etwas zu Esen brachten, was Sie sich von Ihren Munde absparten, wurden uns die Pakete halb ausgeraubt. von dort nach 10 Tagen ging es in die Tschechei Kralüv-Dvůr in ein Eisenwerk, dort wiederholt sich dasselbe, und zwar noch etwas schlechter. wir mußten 8 Std. arbeiten, kaum waren wir zuhause, so wurden wir wieder aufs neue von d. Tsch.-Militz frisch zur Arbeit eingeteilt, so mußten wir wieder 6-8 Std. Überzeit arbeiten. Wo Sie sich auf die Wagonpuffer stellten, und mit vorgehaltener Pistole uns in Schach hielten, mancher war von der Arbeit u. schlaflosen Nächten sowie von der unzureichender schlechten Kost Unterernährt und konnte nicht mehr, wurde er heraus gezogen u. geschlagen, bis er ins Revier geschaft werden mußte. Im Lager haben wir Bettstellen von ehmaligen Kriegsgefangenen, war eine Handvoll Stroh darauf u. Bretter. Das Ungeziefer wimmelte in ganzen Lager, Bei dem Leibriemen waren wir schon aufgefressen. Von einer Ärzlichen Behandlung war selten eine Spur, sowie die Bekämpfung von Ungeziefer, So mußte ich 10 Monate in diesen Elend verbringen. in Verzweiflung unsere Angehörigen nicht mehr zusehn, weil wir nie eine Nachricht erhalten haben. den 20.4.46. wurde ich Grundlos mit den Gummiknüttel blutig geschlagen in den Gesicht, mit den Fuß in die Hoden gestoßen, und 3. Miliz hielten mir Revolver und Gewehre an, und trohten mich zu erschießen, in Lager wurde ich mit den Messer verfolgt wie ich zerschlagen an kam, den andern Tag darauf sagte mir ein Č. Posten ich soll mich als Schußscheibe aufstellen wo er mich für immer erlößen möchte. nach 10. Monatlichen Lagerleben wurde ich als Unterernährt u. gebrechlich nach hause geschickt, von einer Bezahlung oder Vergüttung war keine Rede. zu hause angekommen, die Wohnung war ausgeraubt, die besten Sachen waren weg. und die andern Sachen waren am Fußboden zerstreut, ich suchte mir noch das nötigste heraus und ging ins Aussiedlungslager, so ging es nicht nur mir, sondern Tausenden von uns!

Achtungsvoll!
Böhm Wenzel
in Walkertshofen N° 11.
Kreis-Mainburg N.d. Bayern (13b)
U.S.A Zone:

Folgender Bericht schildert wechselnde Umstände während der Deportation, die erst am 15.12. 1948 endete. Neben Arbeitseinsätzen auf Bauernhöfen wird das Leben im Lager Stecken dargestellt. (Quelle Nr. 426)
Irmgard Wirkner (damals etwa 30 Jahre alt): Wann der Narodný Výbor die örtliche Verwaltung übernommen hat, kann ich nicht sagen, Juni oder Juli 45. Jedenfalls kamen Tschechen, die sich die Häuser und auch Wohnungen anschauten mit einem Zettel, falls sie wollen, gehört ihnen dieses Haus. Auch wir hatten einen neuen Besitzer, der scheinbar wusste, dass wir gehen müssen. Auch H. Zaha teilte uns vertraulich mit, wir sollten unsere Papiere und das Nötigste richten, wir müssen auf Arbeit nach Innerböhmen.

Am 29. August war es dann soweit. Der Ringplatz war mit Seilen umspannt, dort fanden wir uns ein und wurden streng bewacht. Es war heiß, Durst und Hunger machte sich bemerkbar. Die Amerikaner filmten alles vom Hotel Schober aus, Kinder weinten, am Pflaster wurde gewickelt. 30 kg Gepäck war erlaubt. Abends ging es in Richtung Bahnhof und zur Firma Just. Dort schliefen wir auf unseren Habseligkeiten. Anderntags verfrachtete man uns zum Ernteeinsatz nach Čáslau. Es dauerte allerdings 3 Tage, bis wir dort ankamen.

Der „Sklavenmarkt" war am Philipov. Wir kamen mit noch 2 Familien aus Mies und 2 Bauernfamilien aus Dorf Tuschkau auf einen 50 ha großen Bauernhof nach Hraběšín. Wir bildeten eine Gemeinschaft. Frau Czernay mit 2 kleinen Kindern, ein 17jähriger Kriegsgefangener, der nicht nach Tepl durfte und wir, meine Mutter, mein Bub mit 7 Jahren und ich. Ein Zimmer und eine Küche gehörte uns. In der Küche schlief Ernst, im Zimmer in den zwei Betten wir 3 Frauen und 3 Kinder. Die Strohsäcke waren voller Flöhe, die warfen wir raus und verbrannten sie und ließen uns frisches Stroh geben. Meine Mutter musste für uns kochen, teils auch in der Küche des Herrn, nachmittags musste mit aufs Feld, wir beiden hatten auf dem Feld zu arbeiten. Die Dorf-Tuschkauer – Bauern – 2 Männer und 2 Frauen – hatten die Pferde und den Kuhstall zu versorgen, ansonsten mussten sie auch aufs Feld. Unser Mitbewohner Ernst hatte ein vom Krieg kassiertes Pferd zu betreuen und mit ihm zu arbeiten, es war ein sehr schöner Fuchs, gutmütig, die Kinder durften auf ihm reiten – doch nur bei einer Ansprache in Deutsch, bei Tschechisch schlug er aus und legte sich auf den Rücken.

Wir drei bekamen im Monat 90,-- Kronen pro Person und waren Selbstversorger, auch bezüglich Heizung, und für Kochen. Sonntag hatten wir frei, da sammelten wir Holz und Ernst musste auch sehen, dass etwas dazu kam. Wir hatten zwar Lebensmittelkarten „ohne Fleisch", der Metzger im nächsten Dorf gab uns so alle 14 Tage Beuschl.

Ich war immer mit den Hofleuten bei der Arbeit, da ich halbwegs Tschechisch konnte war eine Verständigung möglich. Sie brachten öfters den Kindern etwas mit in ihrem Bauchsack, den wir zuvor nicht kannten. Das ist ein Sackerl unter der Schürze um den Bauch gebunden, sehr wichtig!
Am schlechtesten war es mit der Kleidung. An Gepäck nahmen wir hauptsächlich Essen mit, eine Daunendecke für die Buben. Am Boden fanden wir deutsche Wehrmachtskleidung, immer zu groß, mit Nadeln das Hosentürl von einer Seite zur anderen gezogen, Stiefel aufgefüllt mit Häcksel, darüber eine Schürze oft mit Flicken, alles irgendwo gefundene Sachen.
Unsere Gutsherrschaft hatte auch andere Zeiten gesehen, seine Leute sind ins deutsche Gebiet gelaufen, sie konnten ja dort Herr auf einem Hof sein. Waren immer bedrückt, sie hatten genau wie wir Angst. Er sicher über 60 mit weißen Haaren und weißem Spitzbart, konnte wohl anschaffen, war froh über die Bauern aus Dorf Tuschkau, zumal der Ältere etwas Tschechisch konnte. Die Pani Mama war froh um meine Mutter, sie brachte dafür das Beste in ihrem Bauchsack heim. Ernst brachte Hafer vom Fuchs, für die Kinder gab es Haferbrei sehr nahrhaft, die Spelben mussten halt ausgespuckt werden. Die Bäckerin (eine Deutsche) sprach mit uns auch, aber nur wenn sie allein mit uns war, gab uns oft einen Laib Brot. So lebten wir eigentlich vom Stehlen um überleben zu können. Das wusste auch unsere Herrschaft, gelegentlich drohte der Spitzbart mit dem Zeigefin-

ger, sprach dann Deutsch. Arnošt wo hast du mir das genommen, oder die paní Mama klagte über das wenige Fleisch oder Eier.

Zuerst kam die Kartoffelernte, das ging noch ganz gut, denn der Wettergott ließ uns nicht im Stich. Doch dann kam die Zurückerrübenernte, verlangte sehr viel Kraft. Mit dem Cert, ein besonderer Pflug, wurden sie herausgerissen, aber die Rüben saßen so tief und fest, mussten händisch herausgezorgen werden, so dass man dauernd oft auf dem nassen Boden saß. In einer sehr großen offenen Scheune wurden die Rüben aufgeschüttet, sollten noch trocknen. An Weihnachten arbeiteten wir noch bei den Zuckerrüben. Scheinbar klappte es bei der Verarbeitung nicht im Lagerhaus – es war auch naß – ein großer Teil verfaulte in der Scheune bei uns.

Wir durften Kartoffel und Zuckerrüben nehmen soviel wir wollten, Mama machte Karetoffelspeisen, Fett wurde geklaut und die Rüben gaben uns Zucker und auch Lebkuchen gabs.
Ein älterer Mann sagte zu uns immer „Ghorschamster Diener" steckte die Finger an die Mütze, er wusste wohl nicht was er sagte.

Das Böseste was man uns antat war die leuchtend gelbe Armschleife, die wir auch auf dem Feld tragen mussten. Uns passierte es, wir gingen nach der Arbeit vom Feld heim, da kam einer mit einem Fahrrad – scheinbar von auswärts – warf sein Rad weg, mit wilden Flüchen, Fäuste ballend rannte er auf uns zu „zatraceni nemci" verfluchte Deutsche. Ich hatte meine Mistgabel mit den Zinken gegen ihn gerichtet, da ging er ab. Auch die tschechischen Hofleute mit denen wir arbeiteten, halfen uns. So kam auch Weihnachten 1945 und Neujahr 1946 und ging vorbei. Der Frühling kam, Frau Zcerenay verließ uns mit ihren beiden Kindern, ging zu ihren Eltern nach Deutschland und auch Ernst durfte zu den Seinen ausreisen, die hatten inzwischen Verbindung. Für uns kam das Ende in Hrabešin am 1.9.1946, leider nicht die Aussiedlung, sondern das Lager Stecken (Kreis Iglau).

Ein neuer Abschnitt in unserem Leben, wir hatten nur einen Wunsch, alle sprachen nur über eines, weg von hier, aussiedeln. Es gingen auch Transporte. Zwischendurch mussten wir wieder bei der Kartoffelernte helfen, dann musste Mama in die Küche, täglich gab es Kartoffelsuppe, früh gab es ein Gesöff und ein Stück Brot musste für den ganzen Tag reichen, auch oft gab`s Graupensuppe. Der Hunger stellte sich ein. Hier spürten wir die Härte und Kälte, die uns entgegenschlug. Stecken war vorher ein RAD-Lager in der deutschen Iglauer Sprachinsel. Die Menschen müssen hier Furchtbares erlebt und erlitten haben. Man erzählte uns, dass die Menschen an fahrende Fahrzeuge angebunden wurden, der Kopf schlug auf das Pflaster auf, bis der Tod eintrat. Oder wurden die Deutschen in Schlappenz – der Ort liegt auf einem Felsen – über diesen Felsen gejagt, bis sie in die Tiefe stürzten und letztlich in der Schlappenz ertranken. Schreckliche Sachen haben die Iglauer – ihre Tracht konnte man im Lager finden – erleben müssen.

Der Winter kam, alle Frauen und Männer, die nicht arbeiten konnten, mussten in den Wald gehen und Reisig holen, zum Beheizen der Baracken. Ich ging gern auf Außenarbeit, doch ich bekam und dann auch mein Sohn einen schrecklichen Ausschlag, unser Lagerarzt hatte nichts wie Vaseline und Kamillentee, ich musste schließlich ins Krankenhaus nach Iglau. Hier betreuten mich Klosterfrauen, ich glaube ich hätte das Krankenhaus nie verlassen, wären sie nicht gewesen. Den schlimmsten Hass habe ich dort erlebt. Immer wieder hörte man den Pöbel auf den Straßen toben, einmal war es ganz arg, da zogen mich zwei Tschechinnen zum Fenster und sagten, ich solle mal raus schauen, dass auf dem Kreuz ein Mensch angebunden, mit Eiern, Tomaten und was sie sonst noch hatten beworfen und angespuckt wurden und durch die Straßen von Iglau gefahren wurde. Ich kann nicht sagen, wer es war.

Nach ca. 3 Wochen im Iglauer Krankenhaus wurde ich wieder ins Lager Stecken eingewiesen auf die Krankenstube zu Dr. Exner, wo auch Dr. Jässl war. Ab Jänner 1947 arbeitete ich in der

Lagerkanzlei, wo wir Transporte zusammenstellten. Alle Leute mussten Dokumente, Hausbesitzbogen abgeben, diese wurden in Listen gesammelt und man hatte Glück, wenn man dies wieder bekam.

Ab 1.5.1947 kamen wir zum Bauern Komurka in Smrčna, dort hatten wir zwar zu essen beim Bauern, aber die Unterkunft war fatal, eine Scheune die ¼ Stunde vom Hof entfernt ganz allein stand, zuerst nicht einmal abschließbar. Ich glaube wir sind von dort fort, zurück ins Lager. Das Beste war die Familie Beránek in Schlappenz von 15.7.1947 – bis Weihnachten bzw. 31.12.1947. Schlappenz war deutsch (bei Iglau) wo die Menschen alle ausgejagt wurden und Beránek mit Frau und Schwiegereltern bewirtschaftete diesen Hof als neuer Besitzer. Die Wohnung, die wir da bekamen, war recht schön. Aber wie die hausten in diesem schönen Hof ist unbeschreiblich. Der Alte hatte sicher keine Ahnung von der Bauernarbeit, er wollte nur anschaffen, der junge faul bis zum geht nicht mehr. Sein Pferd mistete er nur aus, bis es bis zum Bauch im eigenen Dreck stand und nicht mehr drübersteigen konnte. Die alte Frau machte die Küche, die meiste Arbeit machte die junge, die das Kommando führte und wenn die Männer nicht spurten – ihrer war immer müde – bearbeitete sie ihn mit ihren Stiefeln, mit entsprechender Untermalung. Auf der böhmisch-mährischen Höhe wurde Hanf angebaut, die Ernte und Verarbeitung ist sehr arbeitsaufwendig, die Pflanzen mussten ausgerissen werden, die weitere Verarbeitung dann gegen den Winter, wie hecheln usw. Wenn wir zum Hanffeld fuhren, dann wurden rückwärts die beiden Ziegen angebunden, einmal hing die alte Ziege im Seil, ich dachte schon, sie wäre tot, aber am Feld kam sie doch wieder zu sich. Die Tierpflege hatte es hier in sich.

Einmal sagte sie, nicht aufs Feld, musíme putzovat. Ja, was sah man da: 2 Zimmer – die der alte deutsche Bauer für seine zwei heiratsfähigen Töchter schon mit neuen Möbeln eingerichtet hatte. Hier nächtigten die Hennen und die Möbel ganz voll Hennendreck. Sie richtete Eimer mit Lauge her, zuerst schabten wir das Ärgste weg, dann mit Lauge u. der Reisbürste. Wie das aussah. Es kam nämlich eine Kontrolle. Meine Mutter arbeitete im Hof des ehemaligen Bürgermeisters im Haushalt. Dort wurde gelebt wie Gott in Frankreich. Jedes Wochenende ein Freß- und Saufgelage, Gänse wurden gebracht und es gab übrige Zutaten. Am Sonntag musste dann Mama alles aufräumen, Geschirr waschen und alles in Ordnung bringen.

Im Lager Stecken trafen wir uns öfters mit Leidensgefährten auch aus dem Iglauer Gebiet, die uns manches erzählten. Schlappenz war ein reiches Dorf mit viel Geflügel, Schweinen, Kühen, heute ist vielleicht noch ein Viertel davon da. Es ist kein Wunder, dass der tschech. Staat in so einer Pleite sitzt, mit solchen Bauern. Das war schon damals zu sehen, dass es so nicht gehen kann, es tat einem das Herz weh, aber die Neusiedler waren der Meinung, dass sie nicht bleiben könnten.

Ich ging zum Lagerleiter und Národní Výbor Havl. Brod und bat um Aussiedlung. Wir waren alle abgemagert und verzweifelt, der Bub schwach, alle unterernährt. Der Bub sollte in die Schule, über zwei Jahre wären auch genug. Doch das Gegenteil trat ein, wir wurden weiter verkauft an den Bauern Kasparek in Nizkov. Der holte uns mit Pferd und Wagen ab und sagte zu Beranek, Klaus solle aufs Tor klettern und den Balken drehen, dass das Tor aufgog. Er brachte es wirklich auf, aber da passierte das Unglück. Der grüne Torflügel fiel um und begrub Klaus darunter. Die Schlamperei machte sich am letzten Tag noch bezahlt. Der neue Bauer erklärte sich bereit, sofort zu einem Arzt zu fahren, was er auch tat, es war nichts gebrochen, doch die Wirbelsäule ist geschädigt, heute mit 50 Jahren kommen die Nachwehen. Ich glaube, ich hätte den Beranek umgebracht, wenn es nicht so ausgegangen wäre. Er kam beim Sturz zwischen die Balken zu liegen. Es dauerte schon einige Zeit bis er wieder richtig gehen konnte, zuerst mit Stock.
Im Frühling 1948 wurde die Tschechei ein sowjetischer Satellit. Gottwald ist in die Regierung in Prag eingezogen. Die Tschechen einerseits voll Freude, wie die Neubauern in Schlappenz. Unsere neue Familie waren aber „Alteingesessene auf ihrem Eigentum", bangten auch um ihren Besitz. Im

Stall waren 150-200 Schweine, die meine Hauptaufgabe waren – ausmisten und füttern. Ein großes Dorf war Nizkov, viele Deutsche waren bereits hier und ca. 15 Kriegsgefangene.

Am Dorfplatz war eine Sirene aufgestellt, die wöchentlich zu einer Zusammenkunft der Bauern aufrief. Verpflichtend mussten sie dahin, sie bekamen da ihre Ablieferungsauflagen. So alle 4 Wochen erschien der Schweinewagen um einige Schweine abzuholen. Es war alles gezählt, was in den Ställen stand. Wenn alle auf den Feldern waren, wurden die Tore abgesperrt, aber es krochen die Zähler auch über die Tore, um das Vieh nachzuzählen, denn es schlachteete ja jeder auch schwarz. Die Bauern schimpften und waren sehr erbost, „das haben sich die Deutschen nicht erlaubt und es war Krieg". Im Winter ging ich mit Mama und dem Bauern in den Wald, wir halfen mit bei der Waldarbeit. Unsere Behausung war ein kleines Zimmer am Bauernhof und beim Essen saßen wir mit an ihrem Tisch. Abends gab es immer Kartoffeln mit etwas Fett und eine Schale Milch. Sie hatten auch Kühe, eine davon sollte ich melken. Ich wehrte mich, hatte noch nie gemolken, ich soll doch probieren, na dann dachte ich, die Kuh hatte mich schon im Auge, und kaum saß ich und griff nach dem Euter, flog ich mitsamt dem Schemel. Trotzdem musste ich täglich melken, das Biest war so gelenkig, mit ihrer rauhen Zunge kam sie zu meiner Schürze und fraß diese halb auf, auch meinem Kopftuch ging es nicht anders. Auch in die Jauchegrube musste ich steigen. Das schlimmste war der Kunstdünger, den wir im Frühjahr ausbringen mussten und zwar bei Wind. 3 Tage lag ich im Bett mit entzündeten Augen. Die Schweinezüge rollten gen Osten, mit ihnen auch unsere Schweine, jetzt wurden sie geplündert, Russland hatte Hunger. Der Bauer wurde noch ernster und auch böswilliger und drohte mit der Mistgabel, seine Frau schritt ein. Er schrie auch, das haben wir euch Deutschen zu veranken, zuerst den Krieg und dann das.

Im Lager jeweils konnte Klaus in die Schule gehen, ein alter Oberlehrer gab den Kindern Unterricht, so gut es ging. Ich hatte 2 Bilderbücher mit und andere auch etwas, da konnten sie lesen. Mit Schreiben stand es schlecht, wir bekamen v. d. Lagerleitung weder Papier noch Bleistifte. Oft wurde nur auf Zeitungsrändern geschrieben. Rechnen taten sie viel im Kopf. Hier bekam ich die Auflage und alle anderen auch, die Kinder in die Schule zu schicken. Ich ging zum Oberlehrer, sagte dass die Kindere gern zu ihn in die Schule gehen, aber Klaus muss sicher wieder heimkommen, denn vom Bauern der Jüngste hätte gern seine Kräfte an ihm ausgelassen, und er war auch viel stärker, nur war Klaus flinker und erwischte ihn. Der Oberlehrer wollte es den Kindern sagen, dass sie den Deutschen nichts tun dürfen, so ging es dann doch gut.

Der Kontakt unter uns Deutschen war gut, auch mit den Kriegsgefangenen. Sie brachten die Nachricht, dass sie lt. Intern. Abkommen bis 15.12.1948 die Tschechei verlassen müssen und frei sind. Eine Freundin kann mit ausreisen. Ich setzte nun alle Hebel in Bewegung. Einer von den Männern bot mir seine Hilfe an – ein Ostpreuße – gingen zum Bürgermeister. Hier half wieder mein Tschechisch. Ich machte einen Schrieb, dass wir in München heiraten wollen und daher mit aussiedeln möchte. Der Bürgermeister unterschrieb auch, nun hatte ich was in Händen. Der Ostpreuße konnte mit einem früheren Transport fahren. Ich fuhr nach Prag mit meinem Zettel und das intern. Rote Kreuz half mir, ich legte ihnen ein Sparbuch hin, fuhr wieder nach Niskov, wir hatten nicht viel zu packen, der Bauer musste uns noch Proviant mitgeben und zum Zug fahren im Auftrag des Bürgermeisters. Nach Prag-Motal mussten wir wieder ein Fahrzeug nehmen. Dort wurden wir nochmals gefilzt, ein Ring oder Uhr wechselte noch ihren Besitzer. Aber am 14.12.1948 saßen wir glücklich im Zug, der am 15. durch Mies fuhr und gegen Abend wurden wir in Hof ausgeladen.

Die Verfasserin berichtet von einem mehrwöchigen Arbeitseinsatz in einem Sägewerk in Kukleny. Sie reflektiert besonders Meinungen und Verhalten der tschechischen Bevölkerung gegenüber den Deutschen. Die Deportation endete mit der Rückkehr in die Heimat,

allerdings nicht an ihren Wohnort Wscherau, sondern in das benachbarte Wiesengrund in ein Massenquartier. Die Aussiedlung erfolgte am 16.2. 1946 (Quelle Nr. 478)
Hildegard Heitmanek, damals 22 Jahre: … ganz aufgeregt die Nachricht zu, daß in Kürze viele Deutsche vom Ort, hauptsächlich junge Mädchen, in tschechisches Gebiet zur Rübenernte fort müssen. Daraufhin packten wir einige Sachen, für den Fall, daß ich mit dabei bin, und meine Mutter machte nachts kein Auge zu, denn am Rathaus war ständig Licht, fast die ganzen Nächte. Wie schon gesagt, am 19. Oktober 1945 nachts um halb 3 Uhr völlig überrascht und überrumpelt polterte es gegen das Haustor u. als mein Vater vom Fenster aus herunter rief, was denn los sei, hörte er nur tschechisch rufen, aufmachen, aufmachen, so ging er gleich u. machte auf, da sah er zwei ortsfremde Tschechen mit haßerfüllten Gesichtern u. mit aufgepflanztem Gewehr u. brachte sie mit in unsere Wohnung, wo meine Mutter u. ich zutiefst erschrocken sowie ängstlich dastanden u. abwarteten, was geschieht. Zum Glück beherrschte mein Vater perfekt die tschechische Sprache u. es gab dadurch keine Schwierigkeiten. Als wir am Ringplatz ankamen, standen bereits Leiterwagen mit Pferden bespannt bereit u. es waren 52 Familien, davon zwei bei der damaligen Partei. Früh um 6 Uhr setzte sich unser Leidenszug in Bewegung, es war naßkalt u. regnete schwach her, wofür wir nicht ausgerüstet waren, so daß wir in Kosolup völlig durchnäßt am Bahnhof ankamen. Begleitet wurden wir bis zur Verladung in Waggons von unserem tschechischen Gärtnereibesitzer u. einigen ortsfremden tschechischen Handlangern.

Unterwegs haben die Amerikaner von unserem Leidenszug viele Aufnahmen gemacht! Wir waren 90 Personen, 3 Kinderwagen und das Gepäck, was pro Person 50 kg sein sollte, aber mit Bestimmtheit bei uns nicht zusammenkam. Also, wir damals jungen Leute mußten angelehnt an die Säcke diese uns ewig vorkommende Fahrt über Prag nach Kukleny bei Königgrätz durchstehen. Viele ältere Menschen u. auch mittleren Alters waren völlig erschöpft, mir selbst war schon in Prag schlecht u. ging deshalb aus dem Waggon u. stellte mich auf die Puffer, um ein wenig frische Luft zu atmen, da kam schon so ein tschechischer sowie uniformierter Unmensch u. stieß mich zurück in den Waggon, u. als ich ihm klarmachen wollte, daß mir elend ist, da schrie er mich an, ich wäre ja nur ein deutsches Schwein! Nach qualvoller Fahrt kamen wir spät in Kukleny am Bahnhof an u. wir wurden nicht unseren Zuständen entsprechend ausgeladen, sondern mußten uns schnell, schnell in Reihen aufstellen u. die Straße zum Barackenlager zu Fuß marschieren. Die Straßen links u. rechts waren von der sehr aufgebrachten Bevölkerung gesäumt u. es fielen nicht nur bösartige Aussprüche, sondern auch Steine flogen und gespuckt wurde auf uns!!! Im Barackenlager angekommen, hieß es gleich am Eingang, Männer extra und Frauen extra, dies hat uns auch schon wieder große Angst eingejagt.

So groß wie die Baracke war, so groß war der Raum, 120 Stockbetten, nur am Eingang war ein kleiner Raum wie ein Pförtnerhäuschen, da saßen unsere Bewacher drin. Ein 3m hoher Maschendrahtzaun u. nochmals zwei Reihen Stacheldraht umgab das ganze Gebäude. Dies interessierte momentan kaum jemanden, denn wir sehnten uns alle nach Wasser zum Waschen u. was Warmes zum Essen und Trinken, worauf wir allerdings umsonst gehofft haben. Toiletten waren weit entfernt u. Wasser gab es nur bei Pumpen im Hof, so daß alles sehr beschwerlich war. In dem Barackenraum, wo die Stockbetten aufgestellt waren, kam anschließend ein Mann, der Benisch hieß, hatte eine Schußwaffe in seinen sehr schmutzigen Händen, sah aus wie ein verdreckter Gartenzwerg, brüllen konnte er wie ein Löwe, fuchtelte nur mit dieser Waffe um sich, wenn es nicht schnell genug ging. Wir haben unsere zugeteilten Stockbetten (meine Mutter u. ich) mit unseren mitgebrachten Betten belegt u. sind nochmals auf den Hof zur Pumpe und suchten das langersehnte Örtchen, was keine Tür vor hatte, und haben uns anschließend ohne etwas Eßbares zur wohlverdienten Ruhe begeben, aber schlafen konnte keiner! Am anderen Morgen fielen sehr früh Schüsse, das war das Wecken dieses tschechischen Unmenschen.

Einen Tag haben sie zum Eingewöhnen gelassen, aber am zweiten Tag ging es sehr früh los. Zum Frühstück gab es schwarzen Kaffee u. ein Stück Brot, durch das wir nach Prag zurücksehen konnten, so dünn war es!! Am dritten Tag fing es wieder an mit Schüssen, u. wir mußten auf dem großen Lagerplatz uns sortiert aufstellen, das heißt: Alte Leute, an diesem Tag kamen die Männer zu ihren Frauen wieder zurück, Frauen mit Kindern und Kleinstkindern, Jugendliche, dazu gehörte ich damals, u. dann kamen die Herren Tschechen mit teilweise gestohlenen Lederröcken u. suchten junge Arbeitskräfte. Es soll eine Verordnung gegeben haben, daß die Familien nicht getrennt werden dürfen. Das war mein großes Glück! Zwei Familien sind verschwunden geblieben. Manche hielten sich daran, aber dem Pöbelvolk konnte man das Schlimmste zutrauen. Gespannt schauten wir damals jungen Leute, wie die Tschechen mit ihrem Raubgut ankamen, denn keinem paßte die Hose oder der Rock, den sie trugen, und die Parade am Hof abnahmen. Sie suchten sich hauptsächlich junge Leute zur Arbeit aus u. ich blieb die ersten Tage noch verschont, deshalb ging ich gleich in die Lagerküche, wo ich schon mit diesen tschechischen Frauen Bekanntschaft machte, als ich höflich um warmes Wasser gebeten hatte. Das ist mir gelungen, ich mußte nur ein Gefäß mit kaltem Wasser bringen und dafür erhielt ich warmes Wasser. Da nun die Stockbetten nahe beieinander standen, konnte man mit unseren Decken eine ganz gute Waschgelegenheit herstellen. Da ich bei der Vertreibung aus der Heimat auch für alle Fälle an eine Waschschüssel gedacht habe, war diese Möglichkeit sich zu waschen gegeben. Primitiv, aber den Umständen entsprechend, noch dazu mit Warmwasser, als am Hof bei der Kälte. Manche Landwirte aus der Umgebung von Wscherau hatten das Glück, sich auch einige Lebensmittel (Kartoffeln, Mehl, Erbsen u.s.w.) mitzunehmen, und die mußten erst genießbar gemacht werden, u. so ging ich in die Lagerküche u. habe mit Erlaubnis dieser tschechischen Küchenfrauen diesen Landsleuten diese Sachen gekocht u. als Lohn durfte ich mitessen. Nach einer knappen Woche waren diese Lebensmittel aufgebraucht u. ich hatte mich freiwillig zur Arbeit in die Stadt Kukleny gemeldet. Ich kam in ein Sägewerk, wovon ich ja keine Ahnung dieser Arbeiten hatte. Ich mußte bei einem 65-jährigen alten Tschechen, der Bretter in eine bestimmte Länge maschinell sägte, wegnehmen u. dieselben auf einen in Schienen laufenden Wagen laden, und wenn dieser voll beladen war, kam er auf den Lagerplatz, das besorgten dann die anderen tschechischen Männer vom Werk selbst.

Der alte Mann, der die Bretter sägte, konnte ein wenig deutsch u. sah, wie ich trotz anbehaltenem Mantel bei der Arbeit fror, u. deshalb schickte er mich, sobald der Bretterabfall-Korb voll war, damit ins Heizhaus u. ich sollte mich ein wenig aufwärmen; daraus geht klar hervor, daß es auch Tschechen gab, die ein wenig Einsehen hatten! Aber selten!!! Bei diesem Aufwärmen im Heizhaus blieb es nicht ganz aus, mit den Leuten trotz schlechter Verständigung ins Gespräch zu kommen; daraus war auch zu erkennen, daß schon damals viele Tschechen dieses Geschehen mit der deutschen Bevölkerung nicht für gut hielten u. nicht wollten, aber der Pöbel ließ sich von Plünderungen und Morden nicht abhalten. Trotz des sehr großen Hasses hätte es bei jungen Mädchen für andere Zwecke keine Rolle gespielt, deutsch zu sein, deswegen waren wir jungen Leute immer heilfroh, wenn wir wieder gesund das Lager erreichten. Einmal ließen wir uns von der Lagerleitung einen Passierschein ausstellen u. ich ging mit einer um zehn Jahre älteren Frau in die Stadt, wir schauten uns ein wenig um. Zuerst achteten wir nicht darauf, als sich das Ganze immer wieder wiederholte, suchten wir so schnell wie möglich das Weite, denn es näherten sich tschechische Studenten u. warfen uns Pflastersteine hinterher! Die gelbe Armbinde hatte uns verraten. Eines Tages wurde ein tschechischer Arbeiter krank u. etliche verbissene Tschechen freuten sich schon darauf, daß ich diese Schwerstarbeit machen muß. Früh beim Arbeitsantritt wurde mir gesagt, ich müßte an diese Maschine. Ich leistete Folge, aber zwischendurch befragte ich mich bei dem 65-Jährigen, wo und wann der Chef zu sprechen sei. Ich bekam es gesagt, u. gegen halb 10 Uhr kam der Treuhänder dieses Werkes. Mutig ging ich auf diesen Mann zu, stellte mich namentlich vor, sagte, daß ich im Lager untergebracht bin u. daß ich wenig u. schlechtes Essen bekomme u. daß mir diese Arbeit zu schwer sei. Ich staunte, daß ich Gehör fand, und sollte mich bei dem 65-jährigen Tschechen melden. Ich hatte es geschafft! Rundum waren in dieser großen Werkhalle alle bekannten Sprüche angebracht wie: Ein Volk – ein Reich – ein Führer. Wir wollen heim ins Reich!

Am 28. Oktober 1945 war den Tschechen ihr Nationalfeiertag (Gründung der Republik) u. überall sah man herum toben und feiern, aber wenn wir damals nicht auf Umwegen zum Lager gefahren wären, ich weiß nicht, was hätte passieren können, der Pöbel war unberechenbar.

Bei uns in diesem Sägewerk, möchte ich heute fast behaupten, daß die Unterhaltung über das ganze Geschehen in meiner Heimat u. das tat ich oft genug u. immer wieder hob ich hervor, daß es wirklich ungerecht gewesen sei, denn den Tschechen hatte man bei uns in der Reichszeit auch nichts in den Weg gelegt u. wir mußten so leiden u. wußten nicht wofür. Ich sage heute, ich fand Gehör u. eines Tages bekam ich den Auftrag vom stellvertretenden Chef, ich sollte einen Frühstücksraum für die tschechische Belegschaft herrichten. Momentan dachte ich, das kann doch nicht wahr sein, ob es ein Reinfall war? Nein, es stimmte u. ich konnte noch mit einer Ungarn-Deutschen sogar mit frühstücken, aber wir beide hatten ja nichts zu beißen mit. Wir hatten Glück u. bekamen immer von diesen Arbeitern von ihren Schnitten etwas ab. Unter diesen Männern war auch ein RG-Soldat dabei, ungefähr 25 Jahre alt, der nur politische Häftlinge zu deren Arbeitsstellen geführt hat, nicht zu uns, brutal, haßerfüllt, also beim Ansehen schon furchterregend für uns, u. sogar von diesem Mann haben wir beide Deutschen ein großes Stück Käsekuchen erhalten. Ich hatte mir mal durch Hängenbleiben im Gleis die Schuhsohle vom Schuh abgerissen u. hatte es meinem 65-jährigen Herrn gezeigt, u. dieser rief den Mann zu sich (der war Schuhmacher), u. ich bekam die Sohle angenagelt. So unerwartete Unterschiede gab es auch, aber sehr, sehr selten. Ich gebe die Schuld, daß wir sehr viel miteinander, so gut wie sich zu verständigen war, geredet haben, wenn ich heute darüber nachdenke, habe ich mich sehr gewagt, das zu sagen, was ich dachte, u. die Gefahr dürfte mir damals nicht ganz bewußt gewesen sein, habe eben großes Glück gehabt!

Als wir nun schon über zwei Wochen hier in diesem Lager waren und uns somit an alles gewöhnen mußten, hatten wir mitten in der Nacht aufs Neue Angst u. Schrecken eingejagt bekommen. Durch das Brüllen von Männerstimmen u. lautes Gepolter stellten wir fest, daß ein weiterer Transport mit Deutschen angekommen ist. Als wir am anderen Morgen zum Frühstück Schlange standen, sahen wir, daß diese armen Menschen ganz schöne Grausamkeiten erdulden mußten, denn manch einer war sehr schlimm zugerichtet. Sie kamen von Aussig u. näherer Umgebung, und das hörte man schon daheim bis zu uns, wie in Aussig mit den Deutschen verfahren wurde. Eines Tages ganz überraschend erfuhren wir durch unseren Lagervogel Benisch, daß ein Transport zurück in die frühere Heimat gehen soll; jeder atmete auf und schöpfte neue Hoffnung u. freute sich, aber es war nicht so!! Wir kamen vom Regen in die Traufe, wie sich später herausstellte! Nun kam ich nach dieser Nachricht am folgenden Tag in das Sägewerk zur Arbeit u. sagte, daß ich am nächsten Tag nicht mehr komme, denn wir werden in die alte Heimat zurück transportiert. Der 65-jährige Tscheche, bei dem ich die Bretter aufladen mußte, zeigte Verständnis an meiner Freude und gab mir Weißbrotmarken. Ich sagte, was nützen mir die Marken, wenn ich sie mir nicht kaufen kann, da passierte das Undenkbare, er ging an seine Schublade u. holte Geld u. gab mir 20 Kronen, ich weinte vor Rührung! Aus seinen Gesprächen hörte ich immer eine gewisse Humanität heraus, und bei dieser Handlung hatte ich meine Annahme bestätigt. Sein Spruch lautete immer: Haben sie mir die Deutschen während Hitlerzeit nichts gemacht, kann se ich auch jetzt Deutsche nix machen! Er sprach sehr schlecht deutsch.

Bevor es am letzten Arbeitstag Feierabend gab u. wir mit dem Lastwagen ins Lager gebracht wurden, ging ich noch ins Lohnbüro u. versuchte für meine Arbeit auch eine Bezahlung herauszuholen, aber der Prokurist wollte u. wollte einfach nicht mit der Ausrede, er wüßte nicht wie viel u. ob überhaupt bezahlt würde, doch da zählte ich auf: In der Lampenfabrik bekommen die Deutschen so und soviel, in der Lebensmittelhandlung bekommen die Deutschen so und soviel. Zum Schluß sagte ich dann, er solle doch aus seiner Schätzung heraus, was ich in den Tagen geleistet habe, mir etwas zahlen, u. weil ich nicht nachgeben wollte u. sehr hartnäckig war, bekam ich dann doch 100 Kronen, und ich muß heute sagen, daß ich unter den damaligen Zeiten sehr, sehr viel gewagt habe u. wahrscheinlich noch keine Vorstellung hatte, was hätte alles passieren können, wenn … Freudestrahlend stieg ich nach alldem in den Lastwagen u. fuhr zum Lager. Mein Vater war von meinem Erfolg nicht wenig erstaunt u. warnte mich auch gleichzeitig, ich sollte nicht zu viel verlangen.

Unsere Sachen hatten wir wie jeden Tag nach dem Aufstehen zusammengepackt, weil wir nie genau wußten, was mit uns geschieht, u. so warteten wir auf den Abtransport aus dem Lager Kukleny. Das war am 20. Nov. 1945. Nach dem Frühstück mußten wir uns zum Abmarsch in Reihen aufstellen, das Gepäck ist auf Wagen geladen worden, u. wir mußten uns wieder jede Menge Gemeinheiten von der am beiderseitigen Straßenrand stehenden Bevölkerung anhören, endlich waren wir zu Fuß am Bahnhof Kukleny angekommen u. sind wiederum in Waggons wie Sardinen eingeladen worden. Das Ziel kannten wir nicht, wir hofften nur auf die Heimat. An den Waggons standen jede Menge böse Schmierereien „Deutsche Schweine"! Mittlerweile wäre es an der Zeit gewesen, von den Tschechen etwas Eßbares zu bekommen, es tat sich aber nichts, deshalb war ich ein wenig stolz, bei meiner Lohnforderung hartnäckig geblieben zu sein, deshalb hatten wir auch Geld, um in der Stadt Kukleny etwas für die Reise zu organisieren. Mein Vater nahm die Armbinde ab, ging in den Fleischerladen und kaufte Wurst, von der wir Deutschen schon lange geträumt haben u. somit war momentan unsere Not vom Tisch!

b) Dokumente
Anordnung des Narodny Vybor in Nürschan zur Deportation (Quelle Nr. 358 als Fotokopie):

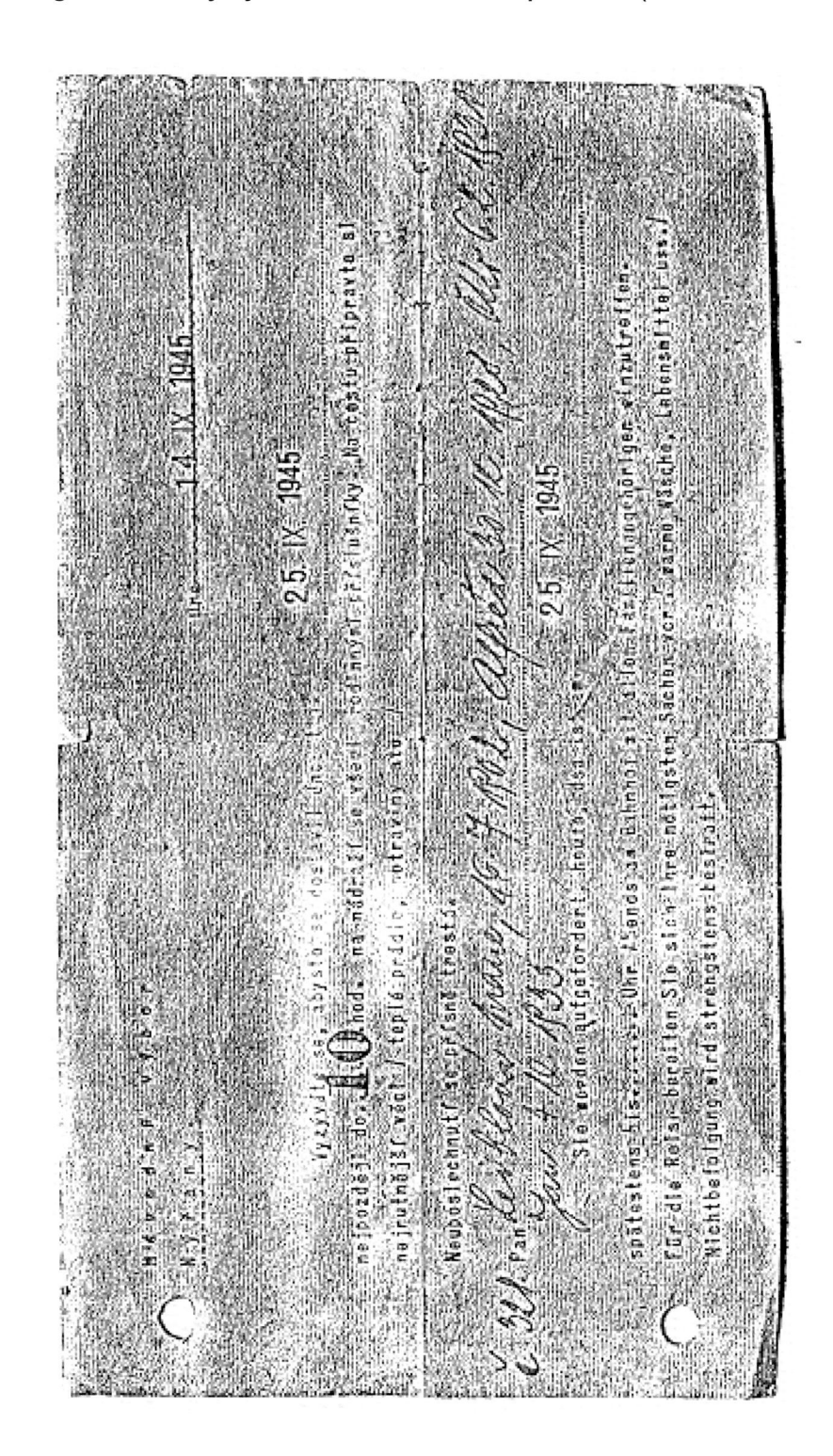

Anordnung zur Deportation aus Mies (Quelle Nr. 424 als Fotokopie):

Místní správní komise Stříbro.

Dne 29.8.45.

Vyzýváte se, abyste se dostavil dnes t. j. nejpozději do 7 hod. večer na nádraží (Just) se všemi rodin. příslušníky. Na cestu připravte si nejnutnější věci (teplé prádlo, potraviny atd.).

Neposlechnutí se přísně trestá.

Sie werden aufgefordert, heute, das ist am 29.8.45., spätestens bis 7 Uhr abends am Bahnhof (Just) mit allen Familienangehörigen einzutreffen. Für die Reise bereiten Sie sich Ihre nötigsten Sachen vor (warme Wäsche, Lebensmittel usw.).

Nichtbefolgung wird strengstens bestraft.

Anordnung zur Depöortation aus Mies (Quelle Nr. 424).

Místní správní komise
Stříbro

Dne 29. VIII. 1945

Josef Rill
Mileno, n.č. 690

Vyzýváte se, abyste se dostavil dnes t. j. 29. VIII. 1945 nejpozději do 7 hód. večer na nádraží (Just) se všemi rodin. příslušníky. Na cestu připravte si nejnutnější věci (teplé prádlo, potraviny atd.).

Neuposlechnutí se přísně trestá.

Sie werden aufgefordert, heute, das ist am 29. VIII. 1945 spätestens bis 7 Uhr abends am Bahnhof (Just) mit allen Famillienangehörigen einzutreffen. Für die Reise bereiten Sie sich Ihre nötigsten Sachen vor (warme Wäsche, Lebensmittel usw.).

Nichtbefolgung wird strengstens bestraft.

Okresní úřad ochrany práce Stříbro
pobočka Touškov Město.

Dle příkazu úřadu práce ve Stříbře jste s celou Vaší rodinou přidělen na práci do vnitrozemí.
Podle nařízení musíte býti připraven za 2 hodiny na určeném shromaždišti a můžete si vzíti s sebou následující věci :
Zavazadlo do váhy 50 kg pro každou osobu, v němž nesmí býti drahé kovy a šperky. Do zavazadla můžete s sebou vzíti 2 oděvy, 2 prádlo, polštář, peřinu, 2 boty, zimní kabát, plášť do deště, jídelní příbor, osobní doklady, potravinové lístky, české peníze, jídlo na dva dny. Pro děti možno s sebou vzíti všechno prádlo a po případě i dětský kočárek.

Překlad : Auf Grund der Anordnung des Arbeitsamtes in Stříbro werden Sie mit ganzer Familie zur Arbeit im Innlande zugeteilt. Laut dieser Anordnung müssen Sie binnen 2 Stunden an bestimmter Sammelstelle vorbereitet sein. Sie können folgende Sachen mitnehmen :
Gepäck bis zu 50 kg für jede Person, in dem keine Edelmetalle und kein Schmucksein dürfen. Sie dürfen 2 Anzuge /Kleider/, 2 Wäschegarnituren, 1 Polster, 1 Federbett, 2 Paar Schuhe, 1 Winterrock, 1 Regenmantel, Essbesteck, Personal-Dokumente, Lebensmittelkarten, tschechisches Geld, Nahrung für 2 Tage mitnehmen. Für Kinder darf man ganze Wäsche, zufällig auch den Kinderwagen mitnehmen.

    Pruknerová Berta 30.1.1900 Touškov č. 7
1. ....
   " František 2.1. 1930
2. ....
3. ....
4. ....
5. ....
6. ....

Am 10.07.1945 wurde unser Haus u. Geschäft vom Konsum Pilsen übernommen.

Am 10.10.1945 wurden wir vertrieben.

Anwesenheitsnachweis einer deportierten Familie aus Mies (Quelle Nr. 424).

Evidenční lístek

Začáteční plameno jména	Potvrzení o odevzdání evidenčního lístku	Má osvědčení podle dekr. č. 33/1945?	Specialista	Úřední záznam
S.				7

Bydliště / Wohnort: Místo – Ort: **Dobrnice** Ulice – Straße: **čís. 10** Č. p. – Konskr.-Nr.:

#	Rodné jméno / Familienname	křestní / Vorname	Rok narození / Geburtsjahr	Poměr k hlavě rodiny / Familienverhältnis	Povolání k 1. V. 1945 / Beruf z. 1. V. 1945	U koho a jak zaměstnán nyní? / Bei wem u. wie jetzt beschäftigt?	Národnost u smíšených manželství	Kategorie	Poznámka
	\multicolumn{9}{l}{Hlava rodiny — Familienvorstand}			
1	Sádlová	Pavla	1908	přednos. v domác.	zeměděl. dělnice	Velkost. Vrbice			
	\multicolumn{9}{l}{Rodinní příslušníci ve spol. domácnosti — Familienangehörige in gem. Haushalt}			
2	Sádlová	Helena	1932	dcera	dítě	--			
3	Sádlo	Norbert	1941	syn	"	--			
4	Sádlo	Gerald	1933	"	"	--			
5									
6									
7									
8									
9									
10									

* Vyplňuje se jen v tom případě, že jeden z manželů je neněmecké národnosti!

Arbeitsbestätigung, die auf Anfrage 1993 (!) ausgestellt wurde (Quelle Nr. 492 als Fotokopie)

B e s t ä t i g u n g

Wir bestätigen hiermit, das Frau Theresia Uhlmann geb. Kutscher nach der Aussiedlung von Ihrer Heimat nach ČSR von 02.11.45-30.8.46 bei Fam. Zmek in Prostřední Lhota bei Nový Knín okres Příbram in der Landwirtschaft gearbeitet hat.

In Prostřední Lhota am 0.1.8.1993

Jarmila Drobílková pr. Zmekové
Jarmila Drobílková geb. Zmeková
Prostřední Lhota č.9, p. Nový Knín
262 03, okr. Příbram, ČR.

Abmeldung aus der Zuteilung von Lebensmittelmarken (Quelle Nr. 569 als Fotokopie)

Místní národní výbor v Krupé pol.okres Čes. Brod.

Odhlášení ze zásobování:

1-Lahmová Františka nar. 18.?.1905
2-Lahmová Hilda nar. 1.5.1927 ⎫ Tóchter
3-lahmová Josefina nar. ?.?.1934 ⎭

obdrželi veškeré potravinové lístky na 16.přídělové období D1/6/11 do datum 18.8.1946.

Krupá dne 30.7.1946.

Mukařovský Josef, v.r.
Předseda M.N.V.Krupá.

Entlassung aus dem Arbeitsverhältnis wegen Aussiedlung (Quelle Nr. 553 als Fotokopie)

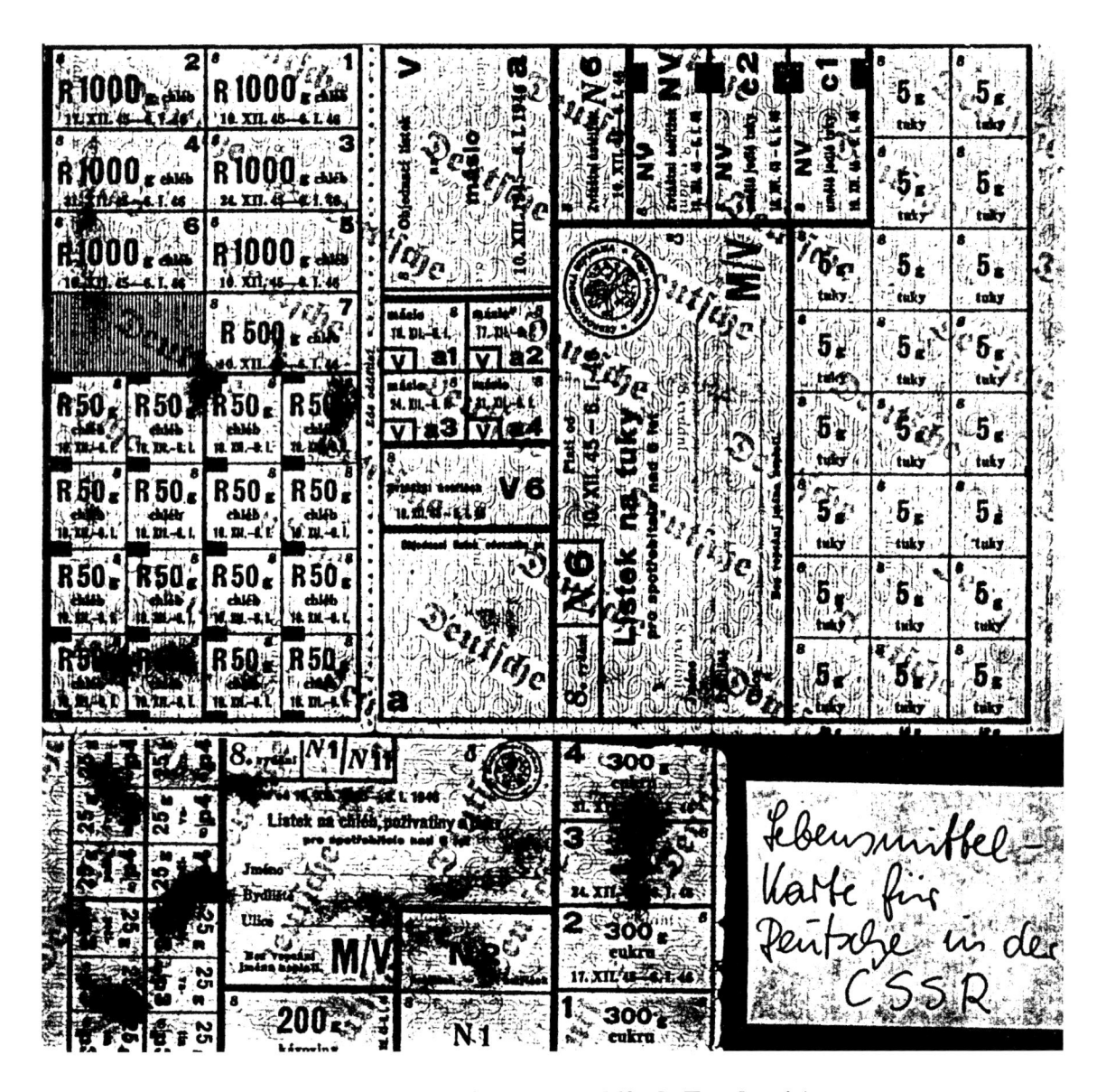

Lebensmittelmarken für Deutsche (Quelle Nr. 562 als Fotokopie).

Briefe der Eltern aus der Deportation, überlassen vom Sohn Karl Ridl (Quelle 641 als Abschrift der Originale)
Nach Angaben des Sohnes wurde sein Vater (*1882) und seine Mutter (*1885), wohnhaft in Mies, am 29. Augustt 1945 deportiert. Die Eltern erhielten die schriftliche Aufforderung erst drei Stunden vor dem Einfindungszeitpunkt. Sie wurden aufgefordert, nicht mehr als 30 kg Gepäck sowie Reiseverpflegung mitzunehmen. Die Fahrt in Vlehwaggons dauerte zwei Tage und drei Nächte und endete in Caslau. Dort wurden die Deportierten auf ihre Einsatzorte verteilt; das Ehepaar Ridl kam auf einen Bauernhof, wo es bis zur Aussiedlung verblieb und

unter den Schikanen des Bauern litt. Die Briefe bieten weniger Sachinformation, verdeutlichen aber in eindringlicher Weise die Trostlosigkeit eines Deportiertenschicksals und die damit einhergehende Verzweiflung. Gerade weil es sich um familiäre Zeugnisse handelt, die nicht für die Öffentlichkeit gedacht waren, vermitteln sie einen authentischen Eindruck. Das Ehepaar Ridl wurde schließlich am 5. September 1946 ausgesiedelt.

Brief vom 9. Oktober 1945 an die älteste Tochter
Liebste Gisl und Kinder!
In Eile schreibe ich Dir einige Zeilen. Es ist bereits 9 Uhr abends und wir beide sind todmüde. Beim Schreiben knie ich auf dem Boden bei Kerzenlicht. Ich bestätige Dir den Erhalt des 4. Paketes mit den herrlichen Buchteln, Reis, Kaffee und Zucker. Über die Buchteln sind wir gleich hergefallen. Sie schmeckten uns sehr gut. Heute habe ich sehr viel Wäsche mit der Hand und das ganze Geschirr gewaschen und auch noch den Schweinestall ausmisten müssen. Nachmittags ging es bis spät in die Nacht aufs Feld zum Kartoffel-Nachlesen. Alles im Trab. Anschließend mußte ich noch das Haus putzen. Gerne hätte ich mich vor lauter Müdigkeit auf den Strohsack gelegt.
Vater mußte den ganzen Tag zwischen Haus und Feld hin- und herfahren und klagt ebenfalls über große Müdigkeit. Ich bin neugierig, wie lange wir es noch aushalten, wir sind abgeplagt und verdienten etwas Ruhe, derweil werden wir weiter geschunden. Liebe Gisl, vergiß nicht, uns eine Adresse anzugeben, wohin wir schreiben können, damit die Verbindung mit Euch nicht abreißt.
Ich hörte, daß wir angeblich nach Hannover kommen und am 15. des Monats der erste Transport abgehen soll. Ob dies stimmt? Gutes haben sie mit uns bestimmt nicht im Sinn. Ich war bei einem Herrn, der beim Narodní Výpor beschäftigt ist und fragte ihn, wie es um uns steht? Er antwortete erst: „Die Deutschen müssen alle raus, sonst gibt es nie Ruhe." Dann sagte er wieder, die nicht in der Partei waren, kommen alle zurück, die Parteimitglieder hätten sie bereits alle ins Reich abgeschoben. Aber die Tschechen wissen ja selbst nichts. Die in der Partei waren, würden sie am liebsten einkastln und nicht ins Reich schicken. Weiter äußerte er, wenn wir einen Tschechen in Mies hätten, der uns ein gutes Zeugnis ausstellen würde und bestätige, daß wir nirgends dabei waren, kämen wir sofort frei. Könnte der Vater von Kveta, er war ja Vaters Regimentskommandeur, etwas für uns tun? Wir wären gerettet, denn wir halten es nicht mehr lange aus. Wir wollten uns schon krank melden, aber wer weiß, ob sie uns zurückschicken würden, denn wer nicht arbeitet, bekommt nichts zu essen.
Der Mann von Frau Wenisch ist sehr krank und mußte zum Arzt. Seione Arbeitgeberin gab ihm nicht einmal einen Tropfen Wasser. Die Frau aus Dorf Tuschkau, die ich traf, hat bitterlich geweint. Sie erzählte, daß sie früh um halb 5 Uhr geweckt wurden und um 5 Uhr mußten sie sich an der Kirche versammeln. Da haben sie begonnen, „den Engel des Herrn" laut zu beten. Die Tschechen verboten es ihnen, doch sie ließen sich nicht stören und beteten weiter. Die Mädchen holten sie alle zusammen und transportierten sie miot Autos weg.
Liebe Gisl, was hört Ihr von all unseren Kindern? Wenn es möglich ist, schickt uns zwei lange Riemen zum Zusammenschnallen unserer alten Koffer. Versucht für den Vater eine Hose, einen Rock und feste Schuhe zu bekommen, denn er friert sehr. Vergiß nicht die Fleckerln für die Reparatur der Handschuhe. Jetzt gute Nacht, schlaft gut!

Euere unglücklichen Eltern

Brief vom 24. März 1946 an die Tochter Anni-Maria
Unsere liebste Anni!
Deinen Brief vom 14. März haben wir mit großer Freude erhalten. Ich ging gerade vom Mistbreiten heim, da übergab der Briefträger ihn mir. Es liefen gleich Tränen beim Empfang. Leider haben wir die Zuzugsgenehmigung nach Westdeutschland noch nicht erhalten. Wir warten schon sehr sehnsüchtig darauf und haben große Sorge, daß sie nicht mehr kommt. Hat sie vielleicht der Betreffende nicht aufgegeben?

Den Brief von Tschip vom 8.3. sowie Deinen haben wir bekommen. Der Brief von Berta und die Papiere fehlen noch. Oft meine ich, mein Herz müßt vor Verzweiflung zerspringen. Unser Dasein ist so schwer, wir müssen uns gegenseitig stützen, sonst müßten wir schon lange zum Strick greifen, denn wir haben ein „Schwein von Herrn". 15 Stunden müssen wir täglich ohne Pause arbeiten. Das magere Mittagessen wird schnell hinuntergeschluckt und weiter geht die Schinderei. Abends können wir nicht mehr auf den Füßen stehen, so schwach sind wir. Wenn ich den Vater anschaue, könnt ich schreien und jetzt hat der Arme auch noch Zahnschmerzen dazu. Man kann Vater kaum noch erkennen. 8 Fuhren Mist muß er im halben Tag aufladen und 17 Stück Vieh versorgen.
Wenn unser lieber Rudi noch leben würde, hätte er uns schon längst herausgeholt Wo mag denn unser Karl stecken? Ich arme Mutter habe ein schweres Los zu tragen. Kniee oft am Feld nieder und rufe laut zu Gott und allen Heiligen und bitte um Erlösung.
Ja, ja, wir haben gepflanzt und andere ernten jetzt. Diese Woche träumte ich, daß ich bei Karin, Gisl, Pepi und Tschip war, aber leider es war nur ein Traum. Am 28. sind es bereits 7 Monate, daß wir bei diesem Lümmel sind. Jetzt geht es schon in die 32. Woche. (...) Wann hat Tschip die Zuzugsgenehmigung abgeschickt? Wir bitten Euch, bemüht Euch nochmal um sie, damit wir hier wegkommen. Laßt uns nicht zu lange warten. Jetzt, am 20.3. sind es schon 2 Monate, daß Gisl weg ist, und wir haben bis heute noch nichts erhalten. Vielleicht erreicht Pepi etwas für uns. Er soll das möglichste tun für seine unglücklichen Eltern. Von Röhling bekamen wir auch zwei Briefe. Er teilte uns mit, daß er Berta traf. Sobald die Papiere bei uns eintreffen, schreibe ich Euch sofort. Wir geben die Hoffnung nicht auf. Tschip danken wir für seine Mühe und Arbeit.
Nun, liebe Anni, grüßen wir Dich, sowie alle unsere lieben Kinder tausendmal. Auch viele Busserln an Euch alle. Pepi soll viel an uns denken und uns helfen, daß wir hier wegkommen.

Eure unglücklichen Eltern

Brief vom 31. März 1946:
Meine liebe Anni!
Ich muß Dir leider mitteilen, daß wir die Papiwere noch nicht erhalten haben. Wer weiß, wo sie verloren gegangen sind. Hier bei uns nicht. Oder ist doch vergessen worden, sie aufzugeben? So warten wir täglich mit großer Sehnsucht darauf. Gisl und Berta hoffen, daß wir sie bald erhalten würden, aber bis heute keine Zeile. Deshalb besorgt sie nochmals und schickt sie als gewöhnlichen Brief.
Wenn wir nur nicht so einen groben Bauern hätten. Werden von früh bis abends geschunden wie die Hunde und bekommen immer noch geschimpft, daß wir zu wenig arbeiten. Wir sind doch schon alte, abgeplagte Menschen und warten schmerzlichst auf die Erlösung. Manche unserer Leidensgenossen haben es besser getroffen und werden wie Menschen behandelt, aber von unserem Bauern haben wir noch kein freundliches Wort gehört. Wir sind so verzweifelt, daß wir uns schon das Leben nehmen wollten. Wir sind nur mehr Haut und Knochen. Meine gute Anni, ich weine Tag und Nacht. Wenn ich die Vögel singen höre, denke ich, es bricht mir das Herz. An Luidl denke ich immer, immer schon früh beim Ausmisten. Stets sind meine Gedanken bei ihm. Jetzt müssen wir Kartoffeln setzen. Gestern, Samstag, haben wir Klee gesät. Vater mußte die Maschine ziehen und ich schieben.
Wir bitten Euch wieder tausendmal, besorgt für uns nochmals die Papiere, denn mit den abgeschickten können wir sicher nicht mehr rechnen. Mir istv so bange nach den Kinder. Was macht meine Karin, Fritzl und Trudi? Drück sie von uns.

Bald kommt Ostern, und wir sitzen immer noch hier, statt wie die Tschechen versprochen haben, Einsatz für 8 Wochen, es werden beinahe schon 8 Monate. Ach Gott, wir haben keinem Menschen etwas gemacht, den letzten Bissen mit Notleidenden geteilt. Was haben wir nach Rokyzan und Pilsen Lebensmittel geschickt und heute hilft uns keiner. Den Brief schreibe ich bei einer Frau aus

Schweißing, da wir keine Sitzgelegenheit haben. Thuma Hans habe ich soeben getroffen, er läßt Euch grüßen.

Meine liebe Anni, wieviel Tränen liefen beim Schreiben dieses Briefes. Grüße und küsse Euch alle, meine lieben Kinder, tausend und tausendmal.

Euere unglücklichen Eltern

Brief vom 7. April 1946:
Meine liebe Anni und alle meine guten Kinder!

Mit Verzweiflung warten wir auf die Zuzugsgenehmigung. Leider alles vergebens. Tschip soll zur Post gehen und fragen, wo der Brief verloren ging oder soll uns schnell andere besorgen. Kann Pepi nichts machen? Wir denken, er könnte am leichtesten helfen, und bitten ihn tausendmal darum, denn was wir m,itmachen, ist schlimmer als im strengsten Gefängnis. Deshalb bitten wir immer wieder, erlöst uns.

Der Bauer will ständig den Vater schlagen. Wir können es wirklich nicht mehr aushalten, sind abgemagert, alle Knochen tun uns weh, denn wir sind von früh bis spät in den Abend auf den Beinen. Jetzt geht es schon in die 34. Woche. Dies ist der 3. Brief, den ich Dir schreibe, hoffentlich kommt wenigstens einer davon an. Was machen alle meine lieben Kinder, Gisl, Berta, Tschip und die 3 Kleinen? Grüße sie herzlich von uns. Wir denken fleißig an sie. Liebe Anni, wir bitten Pepi nochmals, daß er seinem Chef unsere Lage schildert und uns befreit. Die anderen Mitsklaven haben es besser als wir, nur unser Bauer ist als Grobian und Menschenschinder überall bekannt.

Frau Krohmann, die Frank-Familie und Frank Friedl sind in der Nähe auf einem Meierhof. Sie arbeiten ihre vorgegebenen Stunden und sind dann fertig und können sich erholen. Wir dagegen müssen bis in die Nacht mit dem Vieh herumziehen und bekommen dann nur ein Stück Brot und etwas Kaffee.

Die Mutter und die Schwestern von Thuma Hans sind auch in unserer Nähe. Frau Spiegel istveineinhalb Stunden vonuns entfernt. Ich habe aber sie noch nicht getroffen. (...)

Viele tausend Grüße und Küsse von Eueren unglücklichen Eltern

Brief vom 14. April 1946:
Meine gute Anni!

In aller Eile schreibe ich Dir einige Zeilen. Teile Dir mit, daß ich einem Fräulein, das mit ihrem Vater morgen nach Deutschland abfährt, einen Brief für Gisl mitgegeben habe. Sie durften nach Vorlage der Zuzugsgenehmigung abreisen. Wir Unglücklichen haben sie bis jetzt noch nicht erhalten. Was wir mitmachen, kannst Du Dir nicht vorstellen. Wenn nur für uns die glückliche Stunde auch schon geschlagen hätte. Sollte es noch länger dauern, seht Ihr Euere Eltern nicht mehr, denn wir gehen vor die Hunde.

Wir wissen nicht, welche Gestze in Deutschland gelten, aber versucht trotzdem alles, um uns zu helfen. Der Briefträger gibt mir die Post persönlich, da habe ich mich abgesichert, damit der „liebe Bauier" sie nicht unterschlagen kann. Laßt uns nicht zu Grunde gehen.

Viele tausend Grüße und Küsse   Euere unglücklichen Eltern

Brief vom 12. Mai 1946:
Liebste gute Kinder!

Heut, Sonntagnachmittag, sitze ich hier und schreibe unter vielen Tränen diese Zeilen. Es ist Muttertag, ach wie traurig. Ich lief zur Post, um zu fragen, ob für uns etwas hier sei. Zwei Briefe erhielt ich, einen von unserem heißgeliebten Koa, vom 13.4., und von Dir, liebe Anni, vom 23.4. Schnellstens lief ich zum Vater und brachte ihm die freudige Botschaft. Ich küßte die Briefe und die Blumen, die Euere Hände pflückten und die uns so viel von Euch erzählen.

Gott sei gedankt, die Zuzugsgenehmigung haben wir erhalten. Ob wir damit nun etwas erreichen, hoffen wir, wissen es aber nicht. Wir werden nun die nötigen Schritte unternehmen. Doch wie wir hörten, legen die Tschechen hier wenig Wert darauf und erkennen sie nicht an. Wie erzählt wird, sollen wir bis zum Spätherbst hier bleiben. (...)

Ach, wie gern möchten wir bei Euch sein, aber leider geht es uns so wie dem armen Luidl. Wir gequälten Menschen müssen dieses schwere Leid in den alten Tagen noch mitmachen. Wenn Ihr Euren Vater und Euere Mutter sehen würdet, würdet Ihr sie nicht erkennen. Manchmal sehnen wir uns nach etwas Ruhe, doch daran dürfen wir nicht einmal denken. (...)

Liebste Gisl und Berta, wir sitzen halt noch hier wie immer. Werden geschunden und gequält. Vorige Woche war ich mit Vater beim Arzt in Tschaslau. Wir haben uns beide vom Stadtarzt untersuchen lassen. Ich leide an Herzschwäche, hohen Blutdruck und Herznervenentzündung, Vater an Lungenerweiterung und Arterienverkalkung. Mir war so schlecht, daß Vater dachte, mich nicht mehr lebend zurückzubringen.

Lieber Pepi, Du Ältester unserer Lieben, wir denken, Du könntest am besten etwas für uns unternehmen, da Du ja an der entsprechenden Stelle bist. Ach, liebste Kinder, helft doch den armen Eltern. Wir können schon nicht mehr. Bemüht Euch um uns, ich will Euch Euere Mühe tausendmal vergüten. Vater hat sich etwas niedergelegt. Er will sich fortwährend das Leben nehmen. Ich mache seelisch und körperlich sehr viel mit. Wir kommen uns vor wie Bettelleut, die auf jeden Bissen angewiesen sind. Verstoßt Euere unglücklichen Eltern nicht. Schreibt uns bald wieder und auch Freudiges. (...)

Viele tausend Grüße und Küsse   Euere unglücklichen Eltern

Brief vom 9. Juni 1946:
Liebste Kinder!
Eure beiden Briefe vom 10. und 19.5. haben wir am 5. Juni mit großer Freude erhalten. Ich hatte aber bis heute, Sonntag, nicht genügend Zeit, die Inhalte gründlich zu lesen, da wir von früh bis spät abends mit Arbeit voll beschäftigt sind. Ich bete viel und denke dabei immer an Euch: Die Zuzugsgenehmigung haben wir Tschips Mutter geschickt.

Vor 3 Wochen hat Vater das Gesuch um Ausreisegenehmigung gemacht und als Einschreibebrief aufgegeben. Bisher haben wir leider noch keine Antwort. Wird wohl keine kommen. Alle lassen sich Zeit und wir verzweifeln.

Lieber Karl, mit Deinem Vorschlag sind wir auf keinen Fall einverstanden. Da würdest Du schauen, und es würde wieder eine Wunde im Mutterherzen aufgerissen. Niemand würde Dir etwas waschen und flicken und bekommen würdest Du auch nichts, nicht einmal einen Zwirnsfaden.

Es ist traurig, daß wir nicht zu Euch kommen können. Hier sind am 6. d. M. drei Familien abgereist. Ein Kranker und zwei gesunde, junge Leute. Ich kann nicht verstehen, daß sie uns alte und kranke Menschen nicht abschieben. Im Jänner wurden wir aufgeschrieben und mußten angeben, wo wir hinwollten. Wir haben Tschips Adresse angegeben. Frank Friedl und ihre Eltern sind am 6. fort. Auch Petz Franz mit seiner Familie und die Pöllerin mit der Gretl. Nur wir sitzen noch hier und warten.

Heute, Pfingstsonntag, sind traurige Zeiten für uns. 2 Stunden Ruhe. Vormittags habe ich unsere Hadern gewaschen und bis alles getan war, war auch der Tag schon rum. Es wäre höchste Zeit, daß wir von dieser Qual erlöst würden. 16 bis 17 Stunden täglich auf den Beinen und zuletzt noch zuschauen müssen wie die anderen herrlich leben. Selbst müssen wir zufrieden sein mit dem, was man uns vorsetzt. Das ist bitter. Nicht lange wird es dauern, dann beginnt der Schnitt. Das Korn wird langsam reif. Diese Woche beginnen wir mit Heumachen und Rübenhacken. Ich gehe mit Vater barfuß, da wir die Schuhe kaputt haben. Nun muß ich schließen. Es ging sehr in Eile, denn ich will den Brief noch zur Post bringen, bevor wir die 18 Stück Rinder füttern müssen. (...)

DEPORTATION IN DIE ZWANGSARBEIT

2. SONSTIGE TRANSPORTE

DEPORTATION IN DIE ZWANGSARBEIT

3. EINSATZGEBIETE DER KREIS-MIESER-BEVÖLKERUNG IM TSCHECHISCHEN SIEDLUNGSGEBIET

9. Literatur- und Quellenverzeichnis

a) Literaturverzeichnis

Arbeitsgemeinschaft zur Wahrung sudetendeutscher Interessen (Hg.), Dokumente zur Austreibung der Sudetendeutschen, München, Neuauflage ca. 1972
Böhme, Kurt W., Gesucht wird ..., München 1965
Bohmann, Alfred, Das Sudetendeutschtum in Zahlen. Handbuch über den Bestand und die Entwicklung der sudetendeutschen Volksgruppe in den Jahren 1910 bis 1950. München 1959
Bundesministerium für Vertriebene, Flüchtlinge und Kriegsgeschädigte (Hg.), Dokumentation der Vertreibung der Deutschen aus Ost-Mitteleuropa (= Dokumentation), Bd. I – V, Düsseldorf 1954 bis 1963
Chloubová, Katerina, Internierungs-, Arbeits- und Sammellager für Deutsche in der Stadt Tetschen (Děčín) und in ihrem Umkreis, in: Jahn, Die Sudetendeutschen, S. 52 - 54
De Zayas, Alfred, Die Vertreibung als Verbrechen gegen die Menschlichkeit, Vortrag am 7.6.1992, Fotokopie
Die Diskussion über die Vertreibung der Deutschen in der ČSFR, bearb. V. Reiner Beushausen, Dokumentation Ostmitteleuropa, Jg. 17 (41), 5/6, Dezember 1991
Ermacora, Felix, Rechtsgutachten über die sudetendeutschen Fragen, Wien 1991, (maschinenschriftliches Original in Fotokopie)
Jahn, Manfred (Hg.), Die Sudetendeutschen in Nordböhmen. Situation nach 1918, Vertreibung in die Sowjetische Besatzungszone und Ankunft in Sachsen 1945/46, Dresden 1993
Jahn, Rudolf, Die Hölle „Bory", in: Ascher Rundbrief, 3. Jg., 1951, Folge 19 bis 4. Jg. , 1952, Folge 22
Kern, Erich, Das andere Lidice. Die Tragödie der Sudetendeutschen. Klagenfurt 1950
Kosta, Jiři, Abriß der sozialökonomischen Entwicklung der Tschechoslowakei 1945 – 1947, Frankfurt/M. 1978
Kučera, Jaroslav, Die rechtliche und soziale Stellung der Deutschen in der Tschechoslowakei Ende der 40er und Anfang der 50er Jahre, in: Bohemia, Zeitschrift für Geschichte und Kultur der böhmischen Länder, Bd. 35/2, 1992, S. 322 – 337
Ludža, Radomír, The Transfer of the Sudeten Germans. A Study of Czech-German Relations 1933 – 1962, New York 1964
Matz, Ulrich, Politik und Gewalt. Zur Theorie des demokratischen Verfassungsstaates und der Revolution, Freiburg 1975
Pasák, Tomáš, Přemysl Pitters Protest: Eine unbekannte tschechische Stimme gegen die Greuel in den Internierungslagern 1945, in: Bohemia. Zeitschrift f. Geschichte und Kultur der böhmischen Länder, 35/1, 1994, S. 90 - 104
Pokorny, Martin, Die Ausweisung der Deutschen aus dem Kreis Gablonz an der Neiße (Jablonec nad Nisou), in: Jahn, Die Sudetendeutschen, S. 42 – 46
Rabl, Kurt, Zur Frage der Deutschenvertreibung aus der Tschechoslowakei, in: Bohemia, Jahrbuch des Collegium Carolinum, Bd. 2, München 1961, S. 414 – 492
Schechtmann, Joseph B., Postwar population transfers in Europe 1945 – 1955, Philadelphia 1962
Tichy, Karl, Die Massenausweisungen nach dem zweiten Weltkrieg und das öffentliche Recht, dargestellt an der Ausweisung der Sudetendeutschen. Rechts- und wirtschaftswissenschaftliche Dissertation, Universität Tübingen 1949 (Maschinenschrift)
Volk, Friedebert, Kirchsprengel und Kloster Chotieschau, 2. Auflage, Eichstätt o.J.
Weinmann, Martin (Hg.), Das nationalsozialistische Lagersystem (CCP), 1. Aufl., Frankfurt/Main 1990
Weschta, Wilhelm, Mies 1877 – 1945. Die letzten sieben Jahrzehnte einer deutschen Landstadt in Böhmen, Dinkelsbühl 1971

b) Quellenverzeichnis

Fundortnachweis

In den Spalten „Jahr/Nr." ist der Fundort im „Heimatbrief" des Heimatkreises Mies-Pilsen e.V. nachgewiesen. Der monatliche Heimatbrief erschien im Lauf der Jahre unter wechselnder Bezeichnung. Bis einschließlich 1954 erfolgt die Zählung monatlich für jedes Jahr, ab 1955 erfolgt die Zählung fortlaufend.

In der Spalte „außerhalb des Heimatbriefes" bedeuten:
   a) Archiv = Archiv des Heimatkreises Mies-Pilsen e.V., Dinkelsbühl; B = Brief / Bericht; „Brunschlik" = Briefwechsel des Verfassers mit Dr. Hans Brunschlik, Ottobrunn; FB = Fragebogen; I = Interview;

OST 2 / 20 / 21 = Bundesarchiv, Bestand Ostdokumentation 2/272 u. 2/311 / 20/30 u. 20/68 / 21 Hi/11; SdA(rch) = Sudetendeutsches Archiv, München

b) Folgende Kürzel stehen für die in der Bibliografie angeführten Titel:
Dokumente = BM f. Vertriebene, Flüchtlinge und Kriegsgeschädigte (Hg.), Dokumentation
Kern, Erich = Kern, Lidice
Kirchspr. u. Klost. = Volk, Kirchsprengel
Mies 1877 – 1945 = Weschta, Mies
Turnwald = Arbeitsgemeinschaft, Dokumente

Nr.	Verfasser	Jahr/Nr.	Seite	außerhalb d. Heimatbriefes
4	Tomann, Fred	50/1	8 f.	
16	A.B. – CK.	60/65	398 f.	
17	Glaas, Margarete	60/65	422 f	
32	Rau, Robert	65/126	334 ff	
36	Kral, Johann	66/137	281 f.	
45	Mauzi, Karl	67/145	805 ff	
46	Ertl, Heinrich	67/152	475 ff	
52	Weschta, Wilhelm	69/180	729 ff	
54	Pravda, Pressburg	71/193	13	
55	Wirth, Franz	71/200	443 ff	
58	Prokscha, Johann	72/206	98	
61	o. V.	72/210	321 f.	
64	Matthiowetz, Josef	74/229	28	
73	Schiller, F.	81/316	133	
83	Plössl, Erika	85/371	468 ff	
84	Wurschy-Portner	86/373	25 f.	
93	Weps, Liesl	49/4-5	24	
99	Steffi	49/7	6 f.	
107	o.V.	49/10	17 f.	
116	Denk, Hans	50/4	10	
117	Petzet, Ludwig	50/4	16 ff	
120	H.S.	50/8	4 ff	
135	Eberl, Hans	51/8	16 f.	
144	Weschta, Wilhelm	55/1	16 f.	
147	Pitroff, A.	49/7	298	
156	o.V.	50/15	700 ff	
160	Hofmann, Karl	50/20	939 ff	
167	Glaas, Karl	52/37	35 ff	
		52/43	361 ff	
		52/44	413	
172	Weschta, Wilhelm		349 f.	Turnwald
175	Singhartl, Margarete		354	Turnwald
191	Ortsbetreuer	55/6	263	
206	Steinberger, J, E	49/4-5	27	
209	Rödl, Franz	49/8	20	
219	Weschta, Wilhelm	49/12	9 f.	
226	o.A.	50/6	14 f.	
241	o.A.	51/2	25	
244	Frank, Karl	51/6	21 f.	
265	o.V.	52/5	149	
270	Wolf, Lois	52/9	286	
298	Blaha, Andreas	55/4	141 f.	
304	Schott, Josef	63/100	221	
313	o. A.	58/45	478	
317	Prokscha, Johann	65/123	183 f.	
326	Janka, Gretl	66/140	505	
328	Ziegler, Karl	66/144	721 ff	
340	Weschta, Wilhelm	04/3	68 ff	
345	Weschta, Wilhelm			Archiv/Nachlaß
348	Hahn, Amalia			B/22.2.1989
364	Czech, Johanna			FB u. B /26.6.1989

370	Zaha, Anton			Bericht / 18.2.1989
372	Kutschera, Gerhard			Bericht / 12.2.1989
374	Franta, Anna			B / 14.1.1989
380	Keil, Josef			Bericht / 23.6.1989
381	Keil, Josef			FB /23.6.1989
383	Frau Penkert			Bericht 24.6.1989
388	Pflug, Franz			I / 17.6.1989
390	Eigenberger, Hans			Bericht / 28.7.1989
392	NN			I / 8.7.1989
394	Haala, Josef			I / 8.7.1989
396	Meier, Maria			I / 8.7.1989
398	Frötschl, Oswald			Bericht / 1960
402	o. A.	69/179	697	
408	F. P.	73/226	529	
42	Haala, Hermann			B / 16.10.1989
422	Regenye-Benisch			B / 28.11.1989
426	Wirkner, Irmgard			B / Dez. 1989
427	Sadlo/SohlKriegelstein, Alfred			FB / 25.11.1989
428	Deinl, Ernst	59/55	92 ff	
429	Weschta, Alois		150 f.	Kern, Erich: Das
445	Dobner, Margarete			B / 11.2.1990
446	Böhm, Wenzel			FB / 21.1.1990
453	Herzer, Johann			B / 16.5.1947 SdAr
454	Rudlof, Theresia			B / 11.5.47 SdAr
456	Hahn, Ernst			B / 18.4.1990
465	Kragl, Anton		322	Turnwald
466	Kunzer, Hermine		322 f.	Turnwald
468	Heitmanek, Hildegard		448	Turnwald
478	Heißenstein, Maria			Bericht / 28.5.1990
489	Stoll, Rudolf			B. v. 7.1990
491	Bongers, Erna			B. v. 12.7.1990
492	Brosch, Anna			B. v. 26.7.1990
495	Groh, Anton			B. v. 28.5.1990
507	Freiberg, Theresia			B. v. 19.11.1990
517	Wimmer, Magdalena			B. v. 1990
523	Faber, Anna			B. v. 8.1.1991
529	Bachmann, Ilse			FB v. 3.4.1991
530	Pecher, Maria			B. v. 19.2.1991
533	Bachmann, Ilse			B. v. 18.4.1991
536	Befragung			B. v. 29.4.1991
538	Kraus, Therese			FB v. 7.7.1991
543	Samuel, Hildegard			B / 23.6.1991
544	Plaschka, Alfred			B / 18.6.1991
545	Weihrauch, Erika			B / 3.7.1991
547	Mehl, Emma			FB / 8.7.1991
548	Petermann, Rudolf			FB / 15.7.1991
549	Prukner, Franz			B / 11.7.1991
553	Zürchauer, Robert jun.			B / 26.6.1991
554	Popp, Mizzi			FB / 29.5.1991
558	Irzinger, Erich			I / 10.7.1991
561	Hüttner, Maria			B / 11.8.1991
562	Heckenthaler, Hans			FB / 27.7.1991
564	Kraus, Therese			Bericht, undatiert
567	Wiechens, Maria			FB / 26.1.1992
568	Nadler, walter			B / 29.10.1991
569	Kurzemann, Elfi			B / 31.1.1992
570	Weschta, Wilhelm			FB / 6.9.1991
572	Volk, Friedebert			Mies 1877-1945
573	Popp, Mizzi			Kirchsprengel u. Kloster
574	Rawitzer, Anton			I / 29.8.1991
584	Schaffer, Pfarrer			B / 12.1.1948
585	Czech, Lorenz			B / 2.8.1949
589	Schlenz, Andreas			B / 11.9.1949
594	Sessl, Friedrich			OST 20
598	Manlik, Franz			OST 20

605	Seidl, Johann			OST 2
607	Haala u. a.			OST 2
608	Schneider, Maria			OST 2
611	Zemann, Anna			OST 2
612	Krieglstein, Karl			OST 2
621	Weber, Maria			B / 20.9.1991
622	Steidl, Martin			B / 1991
623	A.H.			B / 1991
632	Dobner, Richard	44/448	167 ff	
636	Görner, Sieglinde			B / 15.9.1992
640	Ridl, Karl			B / 29.9.1992
641	Pribul, Gerhard			B / 10.9.1992
648	Pecher, Maria			I / 1.10.1992
651	Janka, Friedl			Bericht 1992
656	Mueller, Gisela			B / 18.3.1993
658				B / 9.3.1993
674	Mautzi			„Brunschlik"
681	Weiser, Anni	92/455	500 ff	
682	Löffler, Kathi	93/459	99 f.	
684	Ulrich, Chlothilde	93/459	130 f.	
690	Richter, Karl			B / 17.3.1993
693	Mueller, Gisela			B / 5.2.1994
698	Schluckebier, Hildegard			B / 3.1.1994
700	Zürchauer, Robert			B / 4.1.1994
706	Wimmer, Magdalena			B / 1.12.1992
709	Winkelmann, Hilde			B / 21.12.1993
717	Großmann, Barbara			B / 13.10.1993
719	Kraus, Maria			Böhm 20-24
720	Woller, Anna			Böhm 29-31
721	Pelzer, Karl			Böhm 36-40
726				I / 22.5.1994